Conrad J. Schetter / Almut Wieland-Karimi (Hrsg.)
Afghanistan in Geschichte und Gegenwart

Mediothek für Afghanistan e. V.
Im Bondorf 33
53545 Linz
Tel. /Fax: + 49 - 2644-5813

In der *Schriftenreihe der Mediothek für Afghanistan* werden Beiträge über Afghanistan aus allen Wissenschaftsdisziplinen publiziert.
Jedes Jahr ist mindestens eine Veröffentlichung geplant, die die Ergebnisse des jährlichen Symposiums der *Mediothek für Afghanistan e.V.* dokumentiert. Darüber hinaus ist die Schriftenreihe offen für weitere wissenschaftliche Arbeiten zum Thema Afghanistan.

Conrad J. Schetter / Almut Wieland-Karimi (Hrsg.)

Afghanistan in Geschichte und Gegenwart

Beiträge zur Afghanistanforschung

Schriftenreihe der Mediothek für Afghanistan, Band 1
IKO - Verlag für Interkulturelle Kommunikation

Die Deutsche Bibliothek - CIP-Einheitsaufnahme

Afghanistan in Geschichte und Gegenwart : Beiträge zur Afghanistanforschung / Conrad J.
Schetter/Almut Wieland-Karimi (Hrsg.). - Frankfurt/M. : IKO - Verl. für Interkulturelle
Kommunikation, 1999
(Schriftenreihe der Mediothek für Afghanistan ; Bd.1)
ISBN 3–88939–498–1

© IKO - Verlag für Interkulturelle Kommunikation
   Postfach 90 04 21
   D-60444 Frankfurt
   e-mail Verlag: ikoverlag@t-online.de
   Internet: http://www.iko-verlag.de

Umschlaggestaltung: Volker Loschek, 61184 Karben
Herstellung: PRISMA Verlagsdruckerei GmbH, 60487 Frankfurt am Main

Inhaltsverzeichnis

Vorwort

Hermann-Josef Blanke & Sultan A. Karimi

Führen wir uns die Lage Afghanistans in seiner physischen und psychischen Existenz am Ende des 20. Jahrhunderts vor Augen, müssen wir feststellen, daß fast alles, was das Land erreicht hatte, durch den zwanzigjährigen Krieg zerstört wurde. Afghanistan, ein wirtschaftlich ohnehin wenig entwickeltes Land, wurde mit Hilfe moderner Kriegsmaschinerie in vielen Teilen dem Erdboden gleich gemacht.

Wir versuchen, einen Beitrag für den Frieden in Afghanistan und für ein Afghanistan in Friedenszeiten zu leisten. Die *Mediothek für Afghanistan e.V.*, eine von Afghanen und Deutschen gegründete Initiative, legt hiermit den ersten Band ihrer wissenschaftlichen Schriftenreihe vor. Veröffentlicht werden Beiträge, die - soweit sie vorlagen - auf der Tagung der *Mediothek* zum Thema *Aktuelle Afghanistanforschung* vom 8. bis 10. Mai 1998 in Bonn gehalten wurden.

Das Konzept dieser und nachfolgender Tagungen sowie der Publikation der Beiträge in der Schriftenreihe beruht auf der Überlegung, daß wissenschaftliche Forschung ein wichtiges Instrument bei der Beantwortung der Fragen ist, vor die Afghanistan und seine Menschen in der jetzigen Situation gestellt sind. Kurz-, mittel- und langfristig scheinbar unüberwindbare Probleme des Landes stellen sich in allen Bereichen des Lebens - in der Politik, Geschichte, Kultur, Wirtschaft, Religion und Ethik. Der methodische, ana-

1

lytische und kritische Blick der Wissenschaft versucht, die Vielfalt praktischer Probleme und Schwierigkeiten Afghanistans zu beleuchten und mögliche Lösungsansätze aufzuzeigen.

Die Tagungen - die zweite Tagung findet im Februar 1999 zum Thema *Gesellschaftlicher Wandel in Afghanistan* in Bonn, die dritte in Zusammenarbeit mit der *Arbeitsgemeinschaft Afghanistan* im Juni 2000 in München statt - wollen für Wissenschaft und Öffentlichkeit ein Forum des Austausches schaffen. Die *Mediothek für Afghanistan* möchte der Erforschung des Landes einen institutionellen Rahmen geben und zur Vernetzung derjenigen beitragen, die zum Thema Afghanistan arbeiten. Damit möchte die *Mediothek* an die guten Beziehungen zwischen Deutschland und Afghanistan anknüpfen, die *Reinhard Schlagintweit* in der Einleitung dieses Sammelbands explizit anspricht. Sie äußerten sich insbesondere in Form von Universitätspartnerschaften sowie Dozenten- und Studentenaustauschen.

Beim Wiederaufbau Afghanistans spielen Institutionen der Bildung eine wichtige Rolle, denn nur das Vorhandensein einer entsprechenden Infrastruktur für die Afghaninnen und Afghanen in ihrer Heimat kann eine eigenständige Existenz des Landes ermöglichen. Vor dem Hintergrund, daß fast alle Bildungseinrichtungen und Bibliotheken in Afghanistan zerstört worden sind, liegt der Schwerpunkt der Arbeit der *Mediothek* auf den Bereichen Bildung, Wissenschaft und Information.

Dem entspricht das Kontzept der *Mediothek*. Zum einen ensteht in der *Mediothek* eine Sammlung von Bild- und Textmaterialien. Sie soll einzigartige und zur Zeit verstreute Elemente des geistigen kulturellen Erbes afghanischer Wissenschaftler, Schriftsteller, Künstler und Journalisten sowie weitere relevante Medien zusammenfassen. Damit soll sie einen Baustein

2

bei der Wiedererrichtung eigener Institutionen der Bildung und Wissenschaft in Afghanistan darstellen. Sie ist von vornherein für eine spätere Rückführung nach Afghanistan konzipiert, die eine relative politische und soziale Stabilität des Landes voraussetzt. Deshalb unterhält die *Mediothek* schon jetzt eine kleine Dependance in Peschawar/Pakistan, um unnötige Wege bei der Zusammenstellung der Sammlung zu vermeiden. Zum anderen unterstützt die *Mediothek* Schulprojekte in Afghanistan und für afghanische Flüchtlingskinder in Pakistan. Bei der Förderung dieser Schulen arbeiten wir mit befreundeten Initiativen zusammen.

Wir danken allen, welche die Veröffentlichung der Ergebnisse unserer ersten wissenschaftlichen Tagung ermöglicht haben. In erster Linie sind die Autorinnen und Autoren zu nennen, welche sich für den Inhalt ihrer Beiträge alleine verantwortlich zeichnen. Die redaktionelle Überarbeitung haben Conrad Schetter und Almut Wieland-Karimi besorgt. Christina Huhnt las viele der Beiträge Korrektur. Ohne die finanzielle und logistische Unterstützung des *Arbeitskreis für Afghanistan e.V.* in Bonn wären weder die Veranstaltung der Tagung noch die Veröffentlichung ihrer Ergebnisse möglich gewesen. An dieser Stelle möchten wir schließlich auch denjenigen danken, die seit Jahren die Arbeit der *Mediothek* unterstützen.

Linz, den 31. Januar 1999

Einleitung

Reinhard Schlagintweit

Ähnlich wie bei Menschen gibt es auch bei Völkern Freundschaften, die rational schwer zu erklären sind. Kultur, Interessen, Werte weisen kaum Gemeinsamkeiten auf; die Partner sind geographisch und mental so weit voneinander entfernt, daß auch gegenseitige Ergänzung als Brücke ausscheidet.

Das Verhältnis zwischen Deutschland und Afghanistan ist solch eine emotionale Freundschaft. Es war im zu Ende gehenden Jahrhundert in wachsendem Maß geprägt von einer Sympathie, einer Tiefe - und zwar auf beiden Seiten - , die bei nüchterner Betrachtung ungerechtfertigt erscheint. Die beiden wichtigsten deutschen Paten dieser Verbindung, Wilhelm II und Hitler, verfolgten irrationale Ziele. Sie meinten, die afghanischen Stämme als spielentscheidende Figuren in ihrer Auseinandersetzung mit dem britischen Weltreich einsetzen zu können. Nicht viel näher an der Realität bewegte sich die Erwartung afghanischer Prinzen, Deutschland würde die Unabhängigkeit des Landes nicht nur mit Worten, sondern im Ernstfall auch mit Taten gegen modern gerüstete Großmächte verteidigen.

Dennoch führten diese Phantasien zu Signalen, die auf beiden Seiten den Partner nachhaltig berührten. Die Gesten aus dem Instrumentarium internationaler Beziehungen, die Deutschland und Afghanistan seit den zwanziger Jahren austauschten, wie Staatsbesuche und völkerrechtliche Verträge, waren mehr symbolischer Natur. Da sie aber in Perioden politischer Isolation oder scheinbar ähnlicher Frontstellung in gefährlichen Konflikten fielen, wirkten sie stark. Gerade wegen der extremen Andersartigkeit des Partners erregten sie dessen Phantasie, beschäftigten die Öffentlichkeit und nahmen, auch weil es keine wirklichen Konflikte zwischen ihnen gab, eher mythische Formen an.

Obwohl sich beide Seiten immer wieder bemühten, dem Anderen das Gegenteil vorzumachen, waren die Beziehungen nie politische Beziehungen. Ihnen fehlten die Elemente der Macht und echter nationaler Interessen. In Wirklichkeit ging es um Wirtschaft und Kultur. Dazu kam später auf dem Boden der emotionalen Zuwendung - und der Hallstein-Doktrin - substantielle Entwicklungshilfe.

Hier entfaltete sich das deutsch-afghanische Verhältnis in den sechziger und siebziger Jahren zu großer Blüte. Investitionen und Gemeinschaftsunternehmen auf den Gebieten der Infrastruktur, der Industrie und des Handels, Beratungs- und Ausbildungsprogramme, wissenschaftliche Projekte, akademische Zusammenarbeit sowie eine Vielfalt von Entwicklungsprogrammen schufen ein dichtes Geflecht der Verbundenheit. Es erhielt seine besondere Qualität nicht zuletzt dadurch, daß man sich menschlich gut verstand und mochte. Afghanistan rückte an die Spitze der Empfängerländer (pro Kopf der Bevölkerung) der deutschen Entwicklungshilfe; Hunderte Deutscher lebten und arbeiteten, begleitet von ihren Familien, in allen Teilen des Landes, und eine unverhältnismäßig große Zahl junger Afghanen ging zur akademischen oder beruflichen Ausbildung nach Deutschland.

An der Schnittstelle zwischen wirtschaftlicher Entwicklung und kultureller Begegnung entstand eine lebhafte wissenschaftliche Beschäftigung mit dem befreundeten Land. Wissenschaftler aus Deutschland - sowie aus Österreich und der Schweiz - untersuchten Geologie und Wasserwirtschaft, erforschten Flora und Fauna, publizierten über islamische Ruinen und soziale Strukturen. Universitätspartnerschaften und eine Zweigstelle des Heidelberger Südasieninstituts wurden feste Einrichtungen der akademischen Zusammenarbeit. Sie erleichterten es afghanischen Fachleuten, über deutsche und europäische Themen zu arbeiten.

Die am Thema Afghanistan interessierten Wissenschaftler des deutschsprachigen Raums sowie viele mit Mitteleuropa verbundene afghanische Fachleute bildeten eine eigene Vereinigung, die *Arbeitsgemeinschaft Afghanistan*. Das in Graz bis 1982 erscheinende *Afghanistan-Journal* berichtete in monatlichem Abstand über Forschungsergebnisse und relevante Ereignisse. *Siegmar-W. Breckle* gibt im vorliegenden Band eine lebendige Übersicht über die damaligen Aktivitäten, vor allem auf dem Gebiet der Naturwissenschaft.

Nach dem sowjetischen Einmarsch im Dezember 1979 brach diese Zusammenarbeit ab. Feldforschung wurde fast unmöglich; der Vorrat an Material, mit dem zuhause weiter gearbeitet werden konnte, ging zu Ende. Auf die Dauer litt auch die wissenschaftliche Beschäftigung darunter, daß nach dem Ende des Kalten Kriegs das politische und strategische Interesse Europas an dem Hindukuschland immer schwächer wurde. Zugleich ermüdete Unverständnis über den nicht endenden Bürgerkrieg viele der Sympathien, welche die Bewunderung für den Widerstand und das Mitgefühl mit den Flüchtlingen, von denen Zehntausende in Deutschland Zuflucht fanden, hervorgerufen hatten.

Die *Arbeitsgemeinschaft Afghanistan* blieb zwar ein Hort der Verbundenheit mit dem alten Freund. Viele afghanische Wissenschaftler, die in Deutschland lebten, nahmen an den in immer größeren Abständen stattfindenden wissenschaftlichen Tagungen der *Arbeitsgemeinschaft* teil. Diese widmeten sich jedoch vornehmlich der Bewahrung und Aufarbeitung der Vergangenheit, weniger der Analyse politischer, sozialer oder kultureller Entwicklungen der Gegenwart. Auch eine Befassung mit der Rolle der im Exil lebenden Afghanen wurde nicht geleistet.

Aber die deutsch-afghanische Freundschaft wirkt weiter. Sie lebt auf deutscher Seite nicht nur in Hilfsorganisationen und Freundschaftsgesellschaften, nicht nur in Treffen „alter Afghanen" fort. 20 Jahre nach dem Abbruch der offiziellen Beziehungen, 10 Jahre nach dem Abzug der sowjetischen Truppen befaßt sich eine neue Generation deutscher Geisteswissenschaftler mit Afghanistan. Sie schreiben Magisterarbeiten, Dissertationen und Zeitschriftartikel über innen- und außenpolitische Fragen des in die Ferne gerückten Landes. Offenbar motiviert die Tradition der freundschaftlichen Verbundenheit mit Afghanistan auch Akademiker, welche die Hochzeit der Beziehungen nicht miterlebt haben, die verstörenden Vorgänge in Afghanistan in besonderem Maß als Herausforderung zu empfinden - stärker als zum Beispiel den uns eigentlich unmittelbarer angehenden Bürgerkrieg in Algerien oder die weltpolitisch wahrscheinlich bedeutsameren Entwicklungen in den Ländern am Persischen Golf.

Aus diesem Interesse heraus entstand ein zweitägiges wissenschaftliches Symposion, das die *Mediothek für Afghanistan* im Mai 1998 in Bonn durchführte. Die Referate werden unter dem Titel *Afghanistan in Geschichte und Gegenwart; Beiträge zur Afghanistan-Forschung* in diesem

Band vorgelegt. Sie zeigen, was auch ohne, oder mit nur minimalem Zugang zu Quellen und Partnern im Land geleistet werden kann.

Im Zentrum der meisten Beiträge steht das Ringen um Verständnis für Gründe und Elemente der endlosen Katastrophe des afghanischen Bürgerkriegs. Es sind Annäherungen, Versuche, Begründungssplitter, zugleich aber auch Schlaglichter, die solche Elemente sichtbar machen oder in neue Sichtweisen und Zusammenhänge stellen.

Die gilt für den Ansatz *Christine Noelle*s, die anhand britischer und afghanischer Quellen die Verteilung der politischen Gewichte zwischen Stämmen und Zentralstaat vor dem Eingreifen der Großmächte am Ende des letzten Jahrhunderts untersucht. Obwohl oder weil sie zu keinem eindeutigen Ergebnis kommt, regt dieser Aufsatz an, darüber nachzudenken, ob die gegenwärtige Ohnmacht zentraler Institutionen und die Abwesenheit nationalen Denkens nicht auch darauf beruht, daß es den Königen des 19. Jahrhunderts nicht gelang, Antworten auf die ethnische und geographische Vielfalt des Landes zu finden.

In einer in die Tiefen der individuellen und kollektiven Psyche leuchtenden Studie kommt *Azam Dadfar* zum Schluß, die überwiegende Mehrheit der afghanischen Bevölkerung, die auch in der zweiten Hälfte dieses Jahrhunderts noch in traditionellen Gemeinschaften lebte, sei durch Zerstörung, fremde Werte und Fremdherrschaft so tief traumatisiert worden, daß Ansätze zu nationaler Versöhnung wie Vertrauen, Kompromiß oder Zusammenarbeit nicht entstehen könnten; wenigstens solange nicht, als nicht eine geistige Wende der Selbstbesinnung eintrete.

Conrad Schetter zeigt, wie das Fehlen nationaler Strukturen und der Mißbrauch der Religion durch die Bürgerkriegsparteien, die den Islam zum

Instrument einer zweifelhaften Legitimität machten, dazu führten, daß dem Denken in ethnischen Kategorien wachsende Bedeutung zur Rechtfertigung der um die Macht ringenden Gruppen zuwuchs.

Almut Wieland-Karimi analysiert die unterschiedlichen Bedeutungen des Begriffs *djihad*, seine Verwendung durch afghanische politische Parteien und die Erosion der Wirkung islamischer Parolen in den verschiedenen Phasen der jüngsten afghanischen Geschichte.

Der Band wird eingeleitet von der erwähnten Übersicht *Siegmar-W. Breckles* über die deutschsprachige naturwissenschaftliche Afghanistan-Forschung zwischen zweitem Weltkrieg und sowjetischer Besetzung sowie einer Studie von Frau *Alema* über die bilateralen Beziehungen in den zwanziger Jahren.

Einzelne Beiträge gelten außenpolitischen Aspekte des Machtkampfs in Afghanistan. *Andreas Rieck* zeichnet die Rolle Irans nach; *Astrid von Borcke* gibt einen Überblick über die Beziehungen zwischen Afghanistan-Veteranen und der internationalen Islamisten- und Terrorszene zwischen Bosnien und Kaschmir.

Citha Maass prüft, welche internationalen Mittel der Vertrauensbildung und Konfliktschlichtung für Afghanistan in Frage kommen und aus der Krise führen könnten - wenn die Parteien, vor allem die dominierenden *taliban*, nur den Willen hätten, sich ihrer zu bedienen. Oder anders ausgedrückt, wenn die in den erwähnten Referaten analysierten Hindernisse (und viele andere: zum Beispiel Drogenanbau, Waffenhandel) abgebaut würden.

Niemand ist in der Lage, Aussichten auf positive Entwicklungen im afghanischen Drama zu eröffnen oder wahrscheinliche Szenarien für die Zukunft zu entwerfen. Hier kann eine wissenschaftliche Tagung wenig leisten. Bisher hat die Hoffnung getrogen, es werde Frieden als Folge von Vermittlung oder Erschöpfung eintreten. Auch daß die *taliban* wie die frühen Durrani-Könige Afghanistan mit Waffengewalt einigen und befrieden, ist angesichts des engstirnigen Charakters ihrer Herrschaft und ihrer Ablehnung durch die meisten Nachbarn wenig wahrscheinlich.

Die Welt kann also fortfahren, vor zu urteilen und vor zu verurteilen. Damit ist niemand geholfen, nicht den Afghanen und nicht uns. Gerade weil wir gegenwärtig kaum helfen können, müssen wir versuchen zu verstehen, was in dem unglücklichen Land vor sich geht. Wo ist politische Macht angesiedelt, wie ist sie strukturiert, welche Beziehungen existieren zwischen Führung und Bevölkerung? Was sind die wirklichen Motive und Triebfedern der kämpfenden Gruppen und ihrer Helfer? Wieviel Modernisierung ist der zerstörten, auseinandergetriebenen Gesellschaft zuzumuten, wo könnte sie ansetzen? Welche Aufgaben könnten unter den jeweils gegebenen Verhältnissen Auslandsafghanen übernehmen?

Natürlich gibt es auf diese Fragen keine klaren, stichhaltigen Antworten. Aber schon sich auf sie einzulassen ist wertvoll. Echtes Interesse und der Versuch mitzudenken sind wichtige Beweise der Freundschaft - vielleicht die einzigen, die derzeit - abgesehen von Gesten humanitärer Hilfe - möglich sind.

Es ist ermutigend, daß die Initiatoren der *Mediothek für Afghanistan* 1999 ein weiteres Symposion veranstalten. Es ist dem Thema *Gesellschaftlicher Wandel in Afghanistan* gewidmet. Im Jahr 2000 plant das Münchener Völkerkunde-Museum eine Afghanistan-Ausstellung; in diesem Zusammenhang veranstaltet die *Arbeitsgemeinschaft Afghanistan* in Kooperation mit der *Mediothek für Afghanistan* eine wissenschaftliche Tagung zum Thema Afghanistan.

Dies sind richtigen Schritte, um sich mit dem immer weiter von unserem Denken, unseren Gefühlen, ja unserer Aufmerksamkeit entfernten Freunden zu beschäftigen. Es sind Zeichen innerer Beteiligung, die sich an die Menschen Afghanistans richten; es sind aber auch Signale einer vertieften Bemühung um realitätsgerechtes Verständnis, die der eigenen Öffentlichkeit gelten. Sie sollen als Ermutigung für junge Wissenschaftler beider Seiten verstanden werden, sich dem mehr denn je faszinierenden, zur Auseinandersetzung herausfordernden Land zuzuwenden. Nicht zuletzt können sie Grundlagen für spätere Hilfe sein.

Wissenschaftliche Erforschung Afghanistans - gestern, heute und morgen

Siegmar-W. Breckle

1. Einleitung

Die wissenschaftliche Erforschung Afghanistans von Europa aus hat eine erstaunlich lange Geschichte. Über dieses „gestern" der Erforschung könnte sehr viel zusammengestellt werden, aber angesichts des riesigen Umfangs soll hier nur exemplarisch, damit bruchstückhaft und subjektiv berichtet werden. Über das „heute" gibt es wenig zu berichten, die Situation ist schwierig und echte wissenschaftliche, vor allem naturwissenschaftliche Forschung kaum möglich. Über das „morgen" sollen einige Ideen angefügt werden, die vielleicht zu optimistisch und utopisch sind und daher eher den Idealfall darstellen. Es gibt sehr viel zu tun, packen wir's an.

Die wissenschaftliche Neugier hat viele Gelehrte schon in früheren Jahrhunderten nach Afghanistan gelockt. Das Land hat schon immer eine besondere Faszination ausgeübt. Die besondere geographische Struktur, die abgeschlossene Lage, die bewegte politische Geschichte und die so reiche kulturelle Vergangenheit haben das wissenschaftliche Interesse intensiv geweckt, wie dies Willy Kraus in einer sehr bedeutsamen und inhaltsreichen Übersicht zu den deutsch-afghanischen Kultur- und Wissenschaftsbeziehungen (1997) dargelegt hat. Diese umfangreiche wissenschaftliche Forschung hat dazu geführt, daß unsere Kenntnisse des Landes im Vergleich mit anderen ähnlichen Ländern oder den Nachbarregionen teilweise sehr vertieft sind. Dies bezieht sich auf sehr viele Wissensgebiete der Geistes- und Naturwissenschaften. Im folgenden werden nur wenige Beispiele herausgegriffen, die sich meiner wissenschaftlichen Herkunft gemäß vor allem auf den naturwissenschaftlichen Forschungsbereich beschränken müssen.

2. Afghanistan im Schnittpunkt

Am „Kreuzweg der Kulturen", um mit Toynbee zu sprechen (Myrdal 1964), liegen auf unserer Erde verschiedene Länder. Es sind Länder, die eine meist sehr bewegte und wechselvolle Geschichte hinter sich haben. Dies gilt in besonderem Maße für Afghanistan. Erstaunlicherweise ist aber auch der Naturraum in solchen Ländern oft ein Übergangsraum, ein Spannungsfeld, wo sich geologische Spannungsstrukturen, klimatische Besonderheiten oder sehr unterschiedliche Vegetationszonen auf kleinstem Raum häufen, wie in Jugoslawien, mehr noch in Israel oder Zentralamerika. Auch der Naturraum Afghanistan ist ein Paradebeispiel für ein Spannungsgebiet, sei es in klimatischer, in tiergeographischer, in geobotanischer, in geologisch-paläontologischer oder tektonischer Hinsicht. In ökologischer Hinsicht ist dies ein Ökoton, ein Gebiet mit zahlreichen Gradienten. Dies wird beim Blick auf die Landkarte klar. Hier ist der Schnittpunkt verschiedener Einflußbereiche; dies macht die außerordentliche Vielfalt aus. Dies hat sich wohl auch auf die ethnische Vielfalt im Laufe der ebenso wechselvollen Geschichte ausgewirkt.

3. Der Naturraum Afghanistan

Zunächst muß in aller Kürze ein Bild des Naturraums Afghanistan gezeichnet werden, wie es sich aus den naturwissenschaftlichen Forschungen ergeben hat, und wie es Voraussetzung für weitere tiefergreifende Untersuchungen ist. Ich will dies auch deshalb tun, weil die naturräumlichen Gegebenheiten eines Landes dessen wirtschaftliche, kulturelle und soziale Möglichkeiten in großem Maße bestimmen, auch wenn dies oft nicht von den politischen Ebenen und auch nicht von vielen Nichtnaturwissenschaftlern wahrgenommen wird. Deutlich wird dies dann wieder, wenn z.b. Projekte zur Bewässerung geplant oder Möglichkeiten der Aufforstung diskutiert werden oder auch, wenn plötzlich Konkurrenzfirmen über Erdölvorräte und ihre Vermarktung streiten oder einfach auch, wenn man die geostrategische Lage verstehen will.

In klimatischer Hinsicht ist Afghanistan ein typisch kontinentales Land mit Niederschlägen in der kalten Jahreszeit. Die warme Jahreszeit ist, bis auf die monsunbeeinflußten Gebiete im äußersten Osten, vollarid, wie die Klimadiagrammkarten zeigen (Walter et al. 1975; Breckle/Agachanjanz 1994). Die Niederschläge bestimmen die Verfügbarkeit des Wassers für die Landwirtschaft. Die mittleren Jahresniederschläge zeigen, daß eine zweite sommerliche Regenzeit nur am Ostrand des Landes eine Rolle spielt. Regenfeldbau (*lalmi*) ist in den Gebirgen teilweise möglich, doch erfolgt normalerweise die Landwirtschaft in Bewässerungskulturen, die ein ausgeklügeltes, wassersparendes Bewässerungssystem (z.B. *Karez* in Oasenlandwirtschaft) erfordern. Dabei ist die Ausstattung mit vielen Gebirgen auch als Vorteil anzusehen.

In vegetationskundlicher Hinsicht ist Afghanistan ein Land zwischen Wüste, Steppe und Wald, jeweils klimatisch bestimmt. Aufgrund der mächtigen Gebirge muß man hier aber die dreidimensionale Gliederung besonders berücksichtigen (Breckle/Agachanjanz 1994). Die Höhenstufen der Vegetationsdecke bestimmen die Nutzungsmöglichkeiten durch die einheimische Bevölkerung (wie sich aus der Karte der natürlichen Vegetationsbedeckung nach Freitag (1971) ableiten läßt). Die Möglichkeiten der Landwirtschaft

15

und der Viehzucht basieren auf diesen Naturgegebenheiten. In den ursprünglichen nördlichen Steppen- und Halbwüstengebieten ist nach wie vor Viehzucht die fast einzig mögliche nachhaltige Nutzungsform. Im Gebirge kommt je nach Wasserverfügbarkeit entweder „lalmi", also extensiver Regenfeldbau oder intensive Bewässerungswirtschaft, z.B. in Flußoasen, in Betracht.

In geologischer Hinsicht ist Afghanistan ein spannungsgeladener Hochgebirgsraum mit einer enormen Vielfalt an Strukturen. Ein Gebirgskomplex, der an der Nahtstelle der eurasiatischen Platte mit dem indischen Subkontinent (Gondwana) die noch immer einhergehende tektonische Auffaltung der Gebirge in Form von Erdbeben dokumentiert (Krumsiek 1980). Die Geologische Karte der Deutschen Geologischen Mission ist bis heute wegweisend.

4. Die Erforschungsgeschichte vor 1960

Schon im vorigen Jahrhundert wurde durch die Engländer gegen das Land nicht nur dreimal Krieg geführt, sondern bei allen militärischen Aktionen waren auch Wissenschaftler beteiligt, die Beobachtungen notiert haben und viel gesammelt haben. Jede Militäraktion war gleichzeitig auch eine bemerkenswerte Sammelaktion. Bei den Pflanzenarten drückt sich dies in vielen Namen der damals neubeschriebenen Arten aus: *moorcroftii, griffithii, aitchisonii,* nach den entsprechenden Begleitern. Interessante Angaben finden sich in vielen ausführlichen Reiseberichten und geographischen Übersichten (Biddulph, Burnes, Elphinstone, Masson, Wood etc., vgl. Dupree 1973, Mohm 1990). Die Grenzziehung im Südosten wird von Durand (1899) dokumentiert. Natürlich sind dabei nur bestimmte Regionen gut untersucht und bekannt geworden. Die zentralafghanischen Gebirge sind bis heute noch unterrepräsentiert.

Auch der frühe Kontakt zu Deutschland - das Kulturabkommen ist bereits über 80 Jahre alt - haben dazu geführt, daß dann im frühen 20. Jahrhundert auch Deutsche an der Erforschung beteiligt waren. Die Geologie des Landes ist durch Trinkler (1928) bekannt geworden. Von Hentig hat viele ethnologische Beiträge geleistet. Auch die Unterstützung der deutschen Schule mit deutschen Lehrern (Nedjatschule/Amanischule) führte zu weiteren Forschungen (Gilli, Volk etc. in der Botanik usw.).

5. Die Erforschung nach 1960

Eine intensive Phase der Erforschung begann vor allem nach 1960. Die sog. deutsche Kolonie wuchs auf über 1000 Deutsche in Kabul. Lehrer, Universitätsdozenten, Firmenbeauftragte, Vertreter, Forschungsreisende und zunehmend auch Abenteuertouristen waren im Land. Bergsteigerexpeditionen waren im Land, eine der ersten Reisen nach Nuristan dokumentiert Newby (1958), in den Wakhan Eiselin (1963). Zahlreiche weitere Expeditionen haben wertvolles Material gesammelt und ihre Beobachtungen veröffentlicht (z.B. in Müller 1969). Projekte der Entwicklungshilfe wurden durchgeführt. Die Bearbeitung der Pflanzenvielfalt wurde durch Rechinger (1963ff.) in Wien mit der Herausgabe der *Flora Iranica*, deren Monographien heute schon mehr als ein Meter dick sind, begonnen. Etwa 90% der Pflanzenarten sind inzwischen bearbeitet.

Einen ersten Vorschlag einer ständigen deutschen wissenschaftlichen Kommission in Afghanistan hatte bereits 1954/55 Rathjens gemacht (siehe Jentsch 1996: 63). Der wirtschaftliche Aufschwung war damals groß; gemeinsame Projekte in Schulen und Handwerk etc. begannen. Auch im Lande selbst wurden Bücher mit neuen Ergebnissen zur Landeskunde gedruckt (Shalizi 1966). Und viele andere Länder gaben Übersichten zu Afghanistan heraus (Watkins 1963, Klimburg 1966, Dupree 1973). In dieser Zeit entstanden dann auch die Universitäts-Partnerschaften.

6. Die Universitäts-Partnerschaften

Die Pharmazeutische Fakultät hatte eine Partnerschaft mit Frankreich, die Landwirtschaftliche mit Amerikanern, die Naturwissenschaftliche Fakultät (Faculty of Science) mit der Universität Bonn, die Wirtschaftswissenschaftliche (Faculty of Economics) mit den Universitäten Bonn, Köln und Bochum. Dies hat zahlreiche Gastdozenten ins Land geführt, die natürlich neben ihrer Tätigkeit an der Universität auch Forschungen vor Ort betrieben haben. Aus dieser Zeit resultieren zahlreiche Fachpublikationen. Es ist naheliegend gewesen, daß dann die deutschsprachigen Afghanistankenner sich zu einer Arbeitsgemeinschaft zusammenschlossen.

7. Die Wissenschaftliche Arbeitsgemeinschaft Afghanistan (AGA)

Einen erheblichen Anteil an der neueren Erforschung Afghanistans hat die AGA. Man kann es auch umgekehrt ausdrücken: Die Intensivierung der Erforschung in den sechziger Jahren hat einen Zusammenschluß der deutschsprachigen Afghanistankenner geradezu herausgefordert. Maßgebliche Impulse dazu haben besonders zwei renommierte Wissenschaftler gegeben, nämlich Willi Kraus und Carl Rathjens. Beide haben während eines Koordinierungsgesprächs am Südasien-Institut in Heidelberg am 11. und 12. Februar 1966 die AGA gegründet (vgl. auch Müller 1997). Was ist nun diese Arbeitsgemeinschaft Afghanistan (AGA), die auch heute noch existiert?

Die Zielsetzung der AGA war, wie dies Carl Rathjens (1982) formulierte, „die bei der Feldforschung in Afghanistan gewonnenen Erfahrungen und Ergebnisse auszutauschen, die interdisziplinäre Zusammenarbeit zu

18

fördern und ihre Arbeitsergebnisse in Tagungen und Publikationen einer breiteren Öffentlichkeit, den Regierungen und zuständigen Behörden beider Länder und bei der Entwicklungsplanung zugänglich zu machen". Diese Zielsetzung war in den ersten Jahren, etwa bis 1980, auch sehr gut zu verwirklichen (Breckle/Naumann 1982, Breckle 1997). Nach der Invasion durch die Sowjets hat sich die Lage total verändert. Das wissenschaftliche Interesse sank, da die Feldforschung zum Erliegen kam. Trotzdem hat die AGA weiterhin versucht sich als „Wissenschaftliches Forum für Afghanistankunde" zu verstehen. Dem dienten von Anfang an wissenschaftliche und andere Arbeitstagungen, Publikationen, Förderung von Dokumentation, Hilfestellung bei der Herausgabe von Büchern und Informationsaustausch, kurz gesagt: Förderung der Kenntnisse über Afghanistan durch wissenschaftliche Vernetzung und interdisziplinären Wissenstransfer sowie eine Informationsbörse. Die AGA hat keine Satzung, sie erhebt keine Mitgliedsbeiträge, sie existiert korporationsrechtlich eigentlich gar nicht. Dies war in den ersten Jahrzehnten von Vorteil, um aktiv, flexibel und lebendig den verschiedensten Zielen zu dienen. Die AGA war von der Eigeninitiative und der wissenschaftlichen Motivation der Mitglieder getragen. Dies ist heute nicht mehr der Fall. Dies muß man mit Bedauern feststellen. Das Interesse an Afghanistan ist stark gesunken, wissenschaftliche Forschung ist nur noch indirekt möglich. Die Zahl der Mitglieder beträgt etwa 250 (vgl. Tab. 1). Dabei sind etwa 12 Nationen vertreten. Der Vorstand der AGA ist im letzten Jahr auf 17 Personen erweitert worden, die aus den verschiedensten Fachrichtungen stammen. Siegmar-W. Breckle ist seit 1991 Vorsitzender, im Anschluß an Erwin Grötzbach, Christoph Jentsch, Carl Rathjens und Willy Kraus.

19

Tab. 1: Übersicht über die Zahl der Mitglieder der Wissenschaftlichen Arbeitsgemeinschaft Afghanistan (AGA; Stand 1997)

	Adresse bekannt	Unbekannt verzogen
Deutsche	157	14
Afghanen	42	9
Andere (AU,CH,DK,F,GB,I,L,NL,S)	23	5
Institutionen	5	0
Summe	227	28
Gesamt	255	

Die AGA hatte auch eine eigene, sehr attraktive Zeitschrift, das „Afghanistan Journal", das die Akademische Verlagsanstalt in Graz redigierte. Sie erschien neun Jahre lang, von 1974-1982. Die mit zahlreichen Farbbildern ausgestatteten Artikel zeugen von einer intensiven Erforschung des Landes in allen Fachgebieten. Dieser Fundus ist bis heute eine wichtige Quelle in allen Wissensgebieten. Die AGA ist ein schlafendes Reservoir eines riesigen Expertenwissens. Die Länderkunde Afghanistan wurde mehrfach bearbeitet (Fischer 1968, Kraus 1972, Bucherer-Dietschi/Jentsch 1986). Es gab auch einen Sonderforschungsbereich, der Afghanistan mit einschloß, an der Universität Tübingen (s. Frey/Probst 1978).

Neben den zahlreichen Veröffentlichungen der Mitglieder jeweils auch in speziellen Fachzeitschriften waren die wichtigsten Aktivitäten der AGA die wissenschaftlichen Arbeitstagungen. Die Beteiligung z.B. an den Iserlohner Tagungen, jeweils im Dezember sowie die Durchführung größerer eigener Arbeitstagungen, die z.T. gekoppelt mit Ausstellungen waren, sind derzeit noch zentrale Aktivitäten (Tab. 2). Eine 11. wissenschaftliche Arbeitstagung ist in Planung. Sie soll im Mai 2000 in München stattfinden, gekoppelt mit einer größeren Ausstellung über Afghanistan am Museum für

20

Völkerkunde.

Tab. 2: Die Arbeitstagungen der Wissenschaftlichen Arbeitsgemeinschaft Afghanistan (AGA)

11./12.02.1966 **Heidelberg**: Koordinierungsgespräch Afghanistan-Interessierter am Südasieninstitut. Gründung der AGA

14./15.07.1967 **Bochum**: 1. Arbeitstagung an der Ruhr-Universität inkl. Expertengespräch der Deutschen Stiftung für Entwicklungsländer: „Das Nomadenproblem in einer sich entwickelnden Wirtschaft"

07./08.11.1969 **Bonn**: 2. Arbeitstagung an der Universität: „Steigerung der landwirtschaftlichen Produktion und ihre Weiterverarbeitung in Afghanistan"

13./14.10.1972 **Tübingen**: 3. Arbeitstagung am SFB (Orientalistik mit bes. Berücksichtigung des Vorderen Orients) der Universität: „Deutsche Afghanistanforschung 1972"

18./19.10.1974 **Saarbrücken**: 4. Arbeitstagung an der Universität; „Bevölkerung und Lebensraum"

01.-03.02.1979 **Mannheim**: 5. Arbeitstagung an der Universität: „Gegenwartsbezogene Orientforschung"; [Neue Forschungen in Afghanistan. Opladen 1981]

04.-06.02.1982 **Bielefeld**: 6. Arbeitstagung an der Universität: „Forschungen in und über Afghanistan" [Mitteil. Dtsch. Orient-Institut. 1982. Bd. 22]

13./14.11.1987 **Eichstätt**: 7. Arbeitstagung an der Universität: „Neue Beiträge zur Afghanistanforschung"; [Schriftenreihe Bibliotheca Afghanica. Liestal, 1988. Bd. 6]

18./19.05.1990 **Trier**: 8. Arbeitstagung an der Universität, mit Afghanistan-Ausstellung in der Univ.-Bibliothek

24./25.05.1994 **Iserlohn**: 9. Arbeitstagung an der Ev. Akad., verzahnt mit den Iserlohngesprächen: „Wiederaufbau Afghanistans"

06./07.07.1995 **Bochum**: 10. Arbeitstagung an der Ruhr-Universität mit Ausstellung in der Bibliothek des Inst. f. Entwicklungsforsch. und Entwickl.politik [„Beiträge zur zeitgenössischen Afghanistanforschung". Ruhr-Univ. Bochum,. Materialien und kleine Schriften 1997. Bd. 163]

Eine solche Tagung wird schon länger diskutiert, erste Planungen hierzu haben begonnen. Hierzu wäre es sicher sinnvoll, alle an Afghanistan im deutschen Sprachraum Interessierten zu bündeln, um auch eine ausreichend große Wirkung in die Öffentlichkeit hinein zu erreichen. In der Wissenschaft spielt die Dokumentation immer eine besondere Rolle. Für die Afghanistan-forschung von herausragender Bedeutung sind die beiden Dokumentations-zentren, nämlich die Bibliotheca Afghanica in Liestal in der Schweiz und das Afghanistan-Archiv des Instituts für Entwicklungspolitik an der Universität Bochum.

8. Wissenschaftliche Dokumentation

Die Zusammenarbeit der AGA mit diesen Zentren war stets sehr eng. Er-gebnisse von Arbeitstagungen wurden oft in gemeinsamen Publikationen zusammengestellt. So ist jüngst eine Übersicht über die von Rathjens durch-geführten Arbeiten von Jentsch (1997) herausgegeben worden. Aber auch die Kooperation mit dem Orient-Institut in Hamburg, dem Südasien-Institut in Heidelberg war, teilweise durch Personalunion, sehr eng. Dies ist heute, der Situation gemäß, nicht mehr so deutlich gegeben.

Vieles ist in den letzten beiden Jahrzehnten im Lande selbst verloren gegangen, um so wichtiger ist es durch gute Dokumentation die Natur- und Kulturausstattung des Landes festzuhalten (Sarianidi 1986) und neuere Ent-wicklungen zu verfolgen (Böhning 1993). Die Appelle der beiden Doku-mentationszentren sowie auch der *Mediothek für Afghanistan*, Material über Afghanistan zu dokumentieren, sicherzustellen und für spätere Forschungen aufzubewahren oder auch aufzubereiten und dem Lande zu gegebener Zeit in geeigneter Form wieder zur Verfügung zu stellen, müssen sehr unterstützt werden. Hierzu gehört auch, daß sich die jetzige ältere Generation rechtzeitig Gedanken über den Verbleib ihrer Nachlässe macht.

9. Mögliche Zukunftsaktivitäten

Die heutige Forschung ist beschränkt auf Aufarbeitung älteren Materials. Davon gibt es noch immer viel nicht Ausgewertetes, wie man aus eigener Anschauung, aber auch von Kollegen weiß. Dies ist natürlich unbefriedigend. Die heutige Forschung ist daher kaum naturwissenschaftlich, eher gesellschaftspolitisch, soziologisch und bezieht sich auf die Nachbarländer oder die Flüchtlingslager, auf neue Alltagskultur und deren Nöte. Die Kenntnisse der Exil-Afghanen fließen mit ein.

Was kann man in Zukunft wissenschaftlich tun? Beispielhaft läßt sich anführen: Es gibt ein riesiges Reservoir von ausgezeichneten Satellitenbildern mit teilweise erstaunlicher Auflösung (Landsat, russ. Resoursy etc.). Die Bodenevaluierung ist dabei derzeit zwar schwierig, da heute nicht recht zugänglich, aber durch multispektrale Bilder und Analogievergleiche läßt sich aber sehr viel herausholen. Die Auswertung über die letzten Jahre hinweg zur Erhebung von Zeitreihen, die Veränderung bestimmter Landschaften, Veränderung der Anbau- und Beweidungsverhältnisse, die Zerstörung der östlichen Waldgebiete, die Veränderung der Gletscher und damit der Wasserhaushaltsvorräte in Talschaften könnte damit sehr viel exakter bestimmt werden. Remote sensing-Forschung kostet allerdings viel Geld; sie zu verknüpfen mit neuen Methoden der Datenverarbeitung etwa über GIS (Geographische Informationssysteme) ist auch jetzt schon möglich und wird vielerorts praktiziert. Für Afghanistan gibt es wohl noch keine Auswertungen?

Durch Radar-Scanning läßt sich u.a. auch der Bodenwasservorrat erkennen, man kann über die flächige Niederschlagsverteilung Daten gewinnen, selbst Archäologie ist aus der Ferne zu betreiben (Noack 1997). Große Internationale Forschungsprogramme, wie z.B. Global Change Forschung, gehen heute an Afghanistan völlig vorbei. Dazu gehören Forschungsprogramme des WCRP, des IGBP oder des IHDP, die alle verknüpft sind. Ein Land mit einer so reichen Naturausstattung, mit großen Gradienten im Naturhaushalt seiner Ökosysteme (Ökotone), mit einer langen Geschichte der Naturnutzung und auch Ausbeutung, ein Kreuzungspunkt, ein Spannungsfeld in vieler Hinsicht, wie schon dargelegt, wäre für solche großräumigen Forschungen sehr geeignet und wichtig. Die für das nächste Jahrhundert diskutierten anthropogenen Klimaänderungen treten am ehesten erkennbar in Ökotonen wie Ost-Afghanistan auf.

Der Austausch an Daten und Informationen über das Internet ist angelaufen, eine homepage der AGA existiert seit längerem, dank Herrn Glatzers Bemühungen. Von hier aus kann man über zahlreiche externe URL („links") Informationen zu Afghanistan erhalten:

http://www.rzuser.uni-heidelberg.de/~iv0/aga/arg.htm

Dort ist auch die homepage der *Mediothek für Afghanistan* angesiedelt. Herr Glatzer ist es auch, der wöchentlich mehrfach einen Newsletter mit den neuesten Pressenachrichten verteilt. Auch diese können über den Heidelberger Server abgerufen werden. Die UN gibt ihren >>Weekly Update Letter on Afghanistan<< heraus, überwiegend zu den humanitären Aktionen, zur medizinischen Situation, aber auch mit Nachrichten vom Kriegsgeschehen. Die Email Adresse dazu lautet: **ariana@undpafg.org.pk**. Weitere Nachrichten werden durch das Schweizer Afghanistan Info verbreitet oder auch in der Zeitschrift des Südasienbüros in Essen.

Ein Aufleben naturwissenschaftlicher Forschung ist aber erst möglich, wenn auch wieder Feldforschung durchführbar ist. Dazu bedarf es noch vieler Schritte. Eine Befriedung des Landes ist nötig. Auf dem Lande ist die Landwirtschaft teilweise wieder instand gesetzt worden, die Minenräumprogramme machen Fortschritte. Allerdings werden auch, jetzt sogar ohne genaue Listenführung, wie bei den Sowjets, von den jetzigen Kriegsparteien planlos neue Minen gelegt. Die Situation erscheint ziemlich hoffnungslos. Demnächst werden die Japaner am Aralsee neue Ölvorräte finden, die mittelasiatischen Nachfolgestaaten der USSR werden einen größeren Aufschwung erleben, und vielleicht dann auch Druck auf Afghanistan machen.

Die soziologischen, die gesellschaftspolitischen und ökonomischen Bedingungen lassen sich einigermaßen gut aus der Ferne verfolgen, dies sind die Schwerpunkte heutiger Afghanistanforschung. Hoffen wir, daß in der Zukunft dazu auch wieder Feldforschung zur Sicherung der naturwissenschaftlichen Grundlagen möglich sein wird, um damit die Land- und Forstwirtschaft als unumgängliche Lebensgrundlage weiter aufzubauen, zu verbessern und nachhaltig zu nutzen, wie dies heute so schön heißt. Wir verdanken Afghanistan sehr viel, es hat unsere weitere Aufmerksamkeit sehr verdient. Das enorme Wissensreservoir, das die AGA mit ihren Mitgliedern darstellt, wäre für einen Wiederaufbau unter friedlichen Bedingungen eine unschätzbare Hilfe, kann aber über längere Sicht nur durch eine Verjüngung der AGA erhalten bleiben. Daher gilt: *monda na boschin - sinda boschin!* (werdet nicht müde - habt ein langes Leben!).

Zitierte Literatur

BÖHNING, W. (1993): *Afghanische Teppiche mit Kriegsmotiven. Sammlung Teppichhaus Saladin.* Wiesloch

BRECKLE, Siegmar.-W. (1971): Vegetation in alpine regions of Afghanistan. In: *Plant*

25

Life of South-West Asia. Edinburgh: 107-116

BRECKLE, Siegmar-W. (1973): Mikroklimatische Messungen und ökologische Beobachtungen in der alpinen Stufe des afghanischen Hindukusch. In: *Botan. Jahrbücher Syst.* 93: 25-55

BRECKLE, Siegmar-W. (1997): Die Arbeitsgemeinschaft Afghanistan im Kontext der Wissenschafts- und Kulturbeziehungen. In: Wilhelm LÖWENSTEIN (Hrsg.): *Beiträge zur zeitgenössischen Afghanistanforschung*: 1-4 (Ruhr-Universität Bochum. Institut für Entwicklungsforschung und Entwicklungspolitik. Materialien und kleine Schriften. Bd. 163)

BRECKLE, Siegmar-W./NAUMANN, Clas (Hrsg.) (1983): *Forschungen in und über Afghanistan.* Mitteilungen des Deutschen Orient-Instituts Hamburg Nr. 22. Vorträge der 6. Internationalen Arbeitstagung der AGA in Bielefeld 1982

BRECKLE, Siegmar-W./AGACHANJANZ, O. (1994): Spezielle Ökologie der Gemäßigten und Arktischen Zonen Euro-Nordasiens. In: H. WALTER/BRECKLE, S.-W. (Hrsg.): *Ökologie der Erde (Geo-Biosphäre).* Bd. 3 (2. Aufl.) Stuttgart

BUCHERER-DIETSCHI, Paul/JENTSCH, Christoph (Hrsg.)(1986): *Afghanistan - Länder Monographie* (Stiftung Bibliotheca Afghanica. Bd. 4)

DUPREE, Louis (1973): *Afghanistan.* Princeton

DURAND, A. (1899): *The Making of a Frontier.* London

EISELIN, M. (1963): *Wilder Hindukusch.* Zürich

FISCHER, L. (1968): *Afghanistan, eine geographisch-medizinische Landeskunde.* Berlin, Heidelberg, New York

FREITAG, H. (1971): Die natürliche Vegetation Afghanistans. In: *Vegetatio* 22: 285-344

FREY, W./PROBST, W. (1978): *Vegetation und Flora des Zentralen Hindukusch/ Afghanistan* (Beihefte zum Tübinger Atlas des Vorderen Orients, Reihe A (Naturwiss.). Nr. 3)

JENTSCH, Christoph (1996): *Carl Rathjens, 40 Jahre Forschungen über Afghanistan* (Stiftung Bibliotheca Afghanica. Bd. 12)

KLIMBURG, Max (1966): *Afghanistan, das Land im historischen Spannungsfeld Mittelasiens.* Wien

KRAUS, Willy (Hrsg.)(1972): *Afghanistan - Natur, Geschichte und Kultur, Gesellschaft und Wirtschaft*. Tübingen

KRAUS, Willy (1997): Deutsch-Afghanische Kultur- und Wissenschaftsbeziehungen aus deutscher Sicht. In: Wilhelm LÖWENSTEIN (Hrsg.): *Beiträge zur zeitgenössischen Afghanistanforschung*: 37-46 (Ruhr-Universität Bochum. Institut für Entwicklungsforschung und Entwicklungspolitik. Materialien und kleine Schriften. Bd. 163)

KRUMSIEK, K. (1980): Zur plattentektonischen Entwicklung des Indo-Iranischen Raumes (Resultate paläomagnetischer Messungen in Afghanistan). In: *Geotektonische Forschungen* 60: 1-223

MOHM, Hans Werner (1990): Europäische Afghanistan-Literatur des 19. Jahrhunderts. In: Hans Werner MOHM (Hrsg.): *Afghanistan. Eine große Vergangenheit und die Zukunft? Kunst und Kultur aus Afghanistan von den frühen Zeiten bis in die Gegenwart.* Katalog einer Ausstellung der Universitätsbibliothek Trier: 143-189

MÜLLER, H.R. (Hrsg.) (1969): *Berge der Welt* . Zürich (Schweizerische Stiftung für alpine Forschungen. Bd. 17)

MÜLLER, W. (Hrsg.) (1997): *Carl Rathjens, Wege eines Geographen* (Annales Universit. Saraviensis. Bd. 10)

MYRDAL, J. (1964): *Kreuzweg der Kulturen. Ein Buch über Afghanistan.* Berlin

NEWBY, E. (1956): *A short walk in the Hindu Kush.* London, Sydney

NOACK, W. (1997): Geoarchäologie aus dem Weltraum - wenn der Satellit den Spaten ersetzt. In: *Geospektrum* 1: 11-15

RATHJENS, Carl (Hrsg.) (1982): *Neue Forschungen in Afghanistan.* Opladen

RECHINGER, K.H. (Hrsg.) (1963ff.): *Flora Iranica.* Letzte Auslieferung Nr. 172 (1997). Graz

SARIANIDI, V. (1986): *Die Kunst des alten Afghanistan.* Leipzig

SHALIZI, P.K. (1966): *Here and there in Afghanistan.* Kabul

TRINKLER, E. (1928): Afghanistan, eine landeskundliche Studie. In: *Petermanns Mitteilungen.* Ergänzungsheft 196

WALTER, H./HAMICKELL, E./MUELLER-DOMBOIS, D. (1975): Klimadiagrammkarten der einzelnen Kontinente und die ökologische Klimagliederung der Erde.- In: WALTER, H. (Hrsg.): *Vegetationsmonographien der einzelnen Großräume.* Bd. 10.

Stuttgart

WATKINS, M.B. (1963): *Afghanistan, Land in Transition.* Princeton

Stamm oder Staat?

Die Anfänge des modernen afghanischen Staatswesens unter Amir Dost Muhammad Khan (1826-1863) und Scher Ali Khan Muhammadzai (1863-1878)

Christine Noelle

1. Einleitung

In der modernen afghanischen Geschichtsschreibung wird das frühe 19. Jahrhundert meist als dunkles Kapitel der „Bruderkriege" abgehandelt, eine Zeit, in der das einst große afghanische Reich den egoistischen Machtinteressen einzelner politischer Führer geopfert wurde. Doch wie im heutigen Afghanistan fand dieser Prozeß nicht in einem politischen Vakuum statt. Die Zersplitterung des afghanischen Reiches war nicht nur das Resultat eines Dynastiewechsels zwischen Sadozai und Muhammadzai Durranis, sondern spiegelte auch neue politische Realitäten in der weiteren Region wider. Der Aufstieg der Sikhs unter Randjit Singh (1801-1839) im Pundjab, sowie das Anwachsen der britischen Kolonialmacht in Indien, verwehrten den afghanischen Herrschern die Möglichkeit, wie noch im 18. Jahrhundert den Staatshaushalt durch Steuereinnahmen aus den Produktions- und Handelszentren Nordindiens zu decken. So galt es für die Muhammadzai Könige, neue Voraussetzungen für die Herrschaftssicherung zu schaffen.

Die Anfänge des afghanischen Reiches werden Ahmad Schah Sadozai (1747- 1772) zugeschrieben, einem Paschtunen, dem es nach dem Tod des

29

iranischen Königs Nadir Schah (1736-1747) gelang, sich die Unterstützung anderer einflußreicher Armeeoffiziere zu sichern, die mit ihm zusammen unter Nadir Schah gedient hatten. Unter ihnen war der Usbekenführer Hadji Bi Ming, der von Ahmad Schah 1750 zum Gouverneur von Balkh und Maimana ernannt wurde. Eine ungleich größere Rolle im Sadozai-Staatswesen kam jedoch den prominenten Führern der Paschtunen zu, die bis ins 19. Jahrhundert als „Afghanen" bekannt waren.[1] Bei ihrem Machtantritt waren die Muhammadzai-Herrscher daher nicht nur mit der Aufgabe konfrontiert, neue Einnahmequellen für ihr Regime zu sichern. Genau so dringend war die Frage, wie das Verhältnis zwischen dem Königshaus und der staatstragenden paschtunischen Elite umzugestalten sei. Wie wir sehen werden, entwickelten Dost Muhammad Khan und Scher Ali Khan verschiedene Strategien, um traditionelle tribale Loyalitäten zu umgehen oder deren Schlagkraft abzuschwächen.

2. Britische und afghanische Geschichtsschreibung

Was die Analyse der verschiedenen Versionen des Zusammenspiels zwischen Stamm und Staat im 19. Jahrhundert betrifft, besteht noch ein gewisser Nachholbedarf in der Geschichtsforschung. In der existierenden Literatur werden die Geschehnisse größtenteils aus der Perspektive des Zentrums dargestellt. „Stämme" treten somit meist nur in Erscheinung, wenn sie sich der Staatsmacht widersetzen. Wir erfahren nur wenig über die unmittelbaren politischen und wirtschaftlichen Hintergründe dieser Rebellionen oder gar

---

[1] Der Begriff „Afghanistan" scheint aber eher ein modernes Konstrukt zu sein und könnte, wie Mousavi vermutet, von den britischen Kolonialherren geprägt worden sein (Mousavi 1998: 2-5).

die historischen Faktoren, die die Identität eines Stammes und sein Verhältnis zum Königshaus geprägt haben. Für die Erforschung des Spannungsfelds zwischen Stamm und Staat bieten sich zwei Gruppen von Primärquellen an.

Die britischen Dokumente, die an der *India Office Library* in London und den *National Archives* in Delhi einzusehen sind, enthalten besonders reichhaltiges Material über lokale Machtstrukturen. Hierbei ist ein geographisch bedingtes Informationsgefälle zu beobachten. So existieren zwar detaillierte Berichte über die sogenannten „border tribes", jenen paschtunischen Gruppen, die sich zwischen afghanischem und britischem Hoheitsgebiet befanden. Mit zunehmender Entfernung von den britischen Verwaltungssitzen nimmt die Informationsdichte jedoch ab. Abgesehen von den Routine-Berichten britischer Agenten stammen genaue Angaben zu den Verhältnissen im Innern des Landes zumeist aus den Zeiten direkter britischer Intervention während der anglo-afghanischen Kriege von 1839-42 und 1878-80 oder wurden im Lauf friedlicher Missionen an den afghanischen Hof zusammengestellt. Dies war während der Missionen von Elphinstone (1808-9), Burnes (1832-33, 1837-38) und Lumsden (1857) der Fall.

Die zweite Quellenkategorie besteht aus afghanischen Chroniken, die im Auftrag des königlichen Hofes geschrieben wurden, am bekanntesten unter ihnen Faiz Muhammads *Siradj al-tawarikh*. Während die britisch-indischen Beobachter Momente der Instabilität sowohl im Zentrum als auch in der Peripherie betonen, übernehmen die Chroniken größtenteils die Sichtweise des Königshauses und seine Projektion eines vereinten Staatswesens unter der Oberhoheit Kabuls. Aus dieser Perspektive werden formale Loyalitätsbekundungen lokaler Führer zu politischem Gehorsam umgemünzt.

31

Jegliche Form des Widerstands wird folglich als „Verrat" dargestellt, dem die königliche Strafe auf dem Fuß folgt.

Die britischen und afghanischen Quellen stellen somit verschiedene Wahrnehmungen der politischen Verhältnisse dar, und ihre Auswertung erlaubt es uns, genauere Aussagen über die innerafghanischen Machtkonstellationen im 19. Jahrhundert zu machen. So entsteht einerseits das Bild eines Herrschers, der seine Macht keineswegs so direkt umsetzen kann, wie es der Autor von *Siradj al-tawarikh* darstellt. Wie ihre Vorgänger waren die Muhammadzai-Könige für den Zugriff auf die Ressourcen ihres Landes auf ein vielfältiges Klientelsystem angewiesen, das nur durch die Verteilung von Privilegien aufrechterhalten werden konnte.[2] Umgekehrt profitierten die örtlichen Führer von ihrer Mittlerrolle zwischen Stamm und Staat. Ihr Verhältnis zu den Herrschern von Kabul zeichnete sich oft weniger durch unberechenbaren tribalen Eigensinn als das Bedürfnis aus, ihre begünstigte Stellung am Hof aufrechtzuerhalten.

Trotz der verschiedenen Ansätze britischer Kolonialbeamter und afghanischer Chronisten lassen sich auch Parallelen in der Darstellung innerafghanischer Verhältnisse feststellen. Dies hatte zum Teil praktische Gründe. Der königliche Hof kontrollierte den Informationsfluß an die in Kabul stationierten britischen Agenten, denen es untersagt war, sich auf eigene Faust ein Bild von den politischen Vorgängen zu machen. Ebenso war die Lumsden Mission während ihres einjährigen Aufenthalts in Qandahar in der königlichen Burg untergebracht und konnte nur unter der strengen Aufsicht des damaligen Thronfolgers Ghulam Haidar Kontakt mit der Bevölkerung

---

[2] Eine hervorragende Analyse der Mechanismen der Machtaneignung im neunzehnten Jahrhundert bietet Grevemeyer 1990: 33-35.

aufnehmen. Ein weiterer, genereller Aspekt ist, daß - von den anglo-afghanischen Kriegen abgesehen - die Interessen der Briten und der afghanischen Könige nicht so weit auseinander lagen, wie man annehmen möchte. Dies war schon der Fall, bevor Afghanistan unter Amir 'Abd al-Rahman Khan (1880-1901) zum Pufferstaat wurde. Wie die Muhammadzai-Könige hatten die Briten nach der Annexion des Pundjab im Jahre 1849 und später, mit der Bildung der North-West Frontier Province im Jahre 1901, auch Paschtunen zu verwalten. Die Kongruenz der Wahrnehmungsweisen auf beiden Seiten läßt sich z.b. an der parallelen Verunglimpfung aller islamischen Reformbemühungen als „wahhabitisch" ablesen (Noelle 1995). Ein weiteres Beispiel ist das gängige Bild der Paschtunen als wilde, ungebildete Bergstämme („hillmen"), die sich allen zivilisatorischen Bemühungen der Regierung widersetzen.

Im Gegensatz zu den afghanischen Chroniken zeichnen sich die britischen Dokumente durch einen gewissen Hang zum Detail aus. Ziel der Kolonialregierung war es, das kämpferische Potential der paschtunischen Stämme einzuschätzen. Dementsprechend drehen sich die Berichte um militärische Gesichtspunkte, vor allem die Auflistung der tribalen Unterabteilungen und die Anzahl ihrer waffenfähigen Männer. Ein weiterer Schwerpunkt ist die Suche nach einflußreichen Stammesführern, die als machtvolle Kollaborateure bzw. Gegenspieler britischer oder Muhammadzai-Interessen auftreten könnten. Trotz des britischen Übereifers, lokale Hierarchien auszumachen, die sich in die gewünschte Befehlskette zwischen Zentrum und Stamm eingliedern ließen, sind die so identifizierten politischen Persönlichkeiten keineswegs koloniale Fiktion. Sie tauchen ebenso in den afghanischen Chroniken auf, und der politische Werdegang ihrer Familien läßt sich anhand von

33

Werken zur Geschichte der Paschtunen, wie Sultan Muhammads *Tarikh-e sultani* oder Fofalzais Arbeiten zum 18. Jahrhundert, über mehrere Generationen, teilweise sogar bis ins frühe 17. und späte 16. Jahrhundert zurückverfolgen.

3. Das Sadozai-Reich

Im 19. Jahrhundert war das Verhältnis zwischen Stamm und Staat gespannt. Die Herrscher von Kabul betrachteten die paschtunischen Stämme in erster Linie als Hindernis für ihre Zentralisierungsversuche. Viele der einflußreichen Stammesführer wiederum hinterfragten die Herrschaftsansprüche der Muhammadzais. Dies sollte jedoch als ein Phänomen der Moderne verstanden werden, und als ein Hinweis darauf, daß das afghanische Staatssystem im Wandel begriffen war. Für frühere Epochen kann man durchaus von einer Symbiose von Stamm und Staat sprechen. Die einflußreichen paschtunischen Familien verdanken ihre Position ihrer strategischen Lage entlang der Handelsrouten. In den Randgebieten safawidischer und moghulischer Herrschaft gelegen, waren diese Gruppen dafür prädestiniert, in loser Zusammenarbeit mit den jeweiligen Imperien Verwaltungsaufgaben wie das Erheben von Zöllen und das Eintreiben von Steuern zu übernehmen.

Mit der Gründung des Sadozai-Reichs im Jahr 1747 befanden sich die Paschtunen zwar geographisch im Zentrum des neuen Staatswesens, der Brennpunkt der Staatsinteressen lag jedoch außerhalb ihres Gebietes. Ahmad Schah wird nachgesagt, daß ihm die Eroberung aller benachbarten Königreiche machbarer erschien, als seine eigenen Landsleute zu unterwerfen (Elphinstone 1972 I: 233). Zudem konnte die tribale Aristokratie ihre Stellung unter den Sadozais noch weiter ausbauen, übernahm höchste Positionen in Verwaltung und Militär und erhielt im Gegenzug lukrative Lehen. Ihr Einfluß auf die Staatsangelegenheiten verstärkte sich noch weiter zu Zeiten von Thronfolgestreitigkeiten, da von ihrer Zustimmung das Wohl und Wehe eines jeden Anwärters abhing. Insgesamt läßt sich sagen, daß die großen paschtunischen Familien mehr als Partner denn als Gegenspieler des Sadozai Staatswesens auftraten, eher den Kontakt mit dem königlichen Hof suchten, als ihn mieden. Diese „Lobby" wurde von den Königen wiederum hauptsächlich durch Steuereinnahmen aus den indischen Provinzen des Sadozaireichs finanziert.[3]

Die Freigebigkeit der Sadozai Herrscher gegenüber der paschtunischen Führerschaft war nicht allein durch genealogische, „tribale" Überlegungen bestimmt, sondern spiegelte ein Stück ererbter politischer Realität wider. Nicht nur die Durranis, die auf eine mehr oder minder enge Verwandtschaft zu den Sadozais verweisen konnten, waren in das Lehnswesen der Sadozais eingebunden, sondern auch jene einflußreichen Ghilzai und Mohmand Familien, die seit Generationen die Lebensadern Kabuls, die Handelsrouten nach Qandahar und Peschawar kontrollierten. Die enge Verbindung mit dem Hof machte einen integralen Bestandteil der Identität dieser Gruppen aus. Lokal hatten die Führer oft ausgedehnten Landbesitz zu verwalten und nahmen eine höhere soziale Stellung als das Gros der Stammesbevölkerung ein. Ein gutes Beispiel für eine solche Entwicklung sind die Morcha Khel Mohmands, die seit Moghulzeiten das Fort von Dakka unmittelbar westlich vom Khyber Paß hielten. Neben königlichen Subsidien in der Form von Ländereien setzten sich die Einnahmen der Morcha Khel Khane aus Zöllen auf den

---

[3] Die Sadozai-Herrscher bezogen 75% ihrer Einnahmen aus ihren indischen Provinzen (Reisner, zitiert in Oesterdiekhoff 1978: 217).

35

Überlandhandel und die regionalen Floßschifferei auf dem Kabul Fluß zusammen. Dies erlaubte ihnen, ihre Vormachtstellung unter den benachbarten Stämmen auszubauen und eine berittene Eskorte sowie Steuereintreiber einzustellen (Merk 1984: 63f.).

In einem solchen Fall nahm die tribale Umgebung nahezu feudale Züge an und hatte wenig mit Ernest Gellners Ideal einer egalitären tribalen Gesellschaft gemein (Gellner 1969). Dieses war eher bei den tatsächlichen „hillmen" anzutreffen, jenen Gruppen, die sich in unwegsamen Gebieten relativ erfolgreich dem Zugriff der Staatsgewalt entzogen, gleichzeitig aber eine minimale Rolle in Staatsangelegenheiten spielten. Somit läßt sich die Hypothese, die Bernt Glatzer für die Beziehung zwischen Staat und Nomaden entwickelt hat, auch auf die seßhaften Paschtunen anwenden: je enger die Interaktion zwischen Stamm und Staat, desto mächtiger die Führer und desto größer der Grad an innerer Hierarchisierung im Stamm (Glatzer 1983: 212). Dies ist nicht als strikt lineares Phänomen zu verstehen. Die einflußreichsten - und somit widerstandsfähigsten - tribalen Führer waren nicht in jenen Gebieten zu finden, die aufgrund ihrer Nähe zu den Herrschaftszentren fest in das jeweilige Staatswesen eingebettet waren. Sie befanden sich vielmehr in einer gewissen Entfernung von den städtischen Zentren, in jenen Regionen, wo die Staatsmacht nicht ständig präsent sein konnte und darauf angewiesen war, ihre Machtansprüche in Zusammenarbeit mit den Stammesführern durchzusetzen. „Nähe" zum Staat sollte zudem nicht als rein räumliches Phänomen wahrgenommen werden. Opposition oder Zusammenarbeit eines Stammes mit dem Königshaus setzten sich z.T. über Generationen fort. Historische Faktoren in der Identitätsbildung beeinflußten demnach nachhaltig das politische Verhalten eines Stammes. Vor diesem Hintergrund ist es also nicht verwunderlich, daß sich nicht so sehr die „wilden" Bergstämme sondern eher die mächtigen Stammesführer entlang der Handelsrouten gegen die veränderten politischen Umstände auflehnten, die sich mit dem Aufstieg der Muhammadzai Dynastie anbahnten.

Zunächst schienen die Stammesführer vom Niedergang des Sadozaireichs zu profitieren. Dank der geschwächten Position der Herrscher von Kabul entzogen sich die Provinzgouverneure und lokale Fürsten immer erfolgreicher ihrer Pflicht, Steuereinnahmen weiterzuleiten und Truppen zu stellen. Dieser Prozeß intensivierte sich mit dem Zerfall des Sadozai-Reichs in mehrere kleine Regionalstaaten mit Zentren in Kabul, Qandahar und Herat.[4] In den Randgebieten dieser Staaten konnte die tribale Aristokratie nahezu ungestört ihre Kontrolle über die Handelsrouten ausbauen.

4. Der Begründer der Muhammadzai-Dynastie: Amir Dost Muhammad Khan

Die Verhältnisse änderten sich erst mit Dost Muhammad Khans Herrschaftsbestrebungen. 1826 sicherte er sich die Kontrolle über Kabul und erweiterte in den folgenden Jahren dank einer Mischung aus militärischem Geschick und politischer Unverfrorenheit sein Einflußgebiet im Westen bis Bamian, im Osten bis Djalalabad und im Süden bis Ghazni. Nach dem ersten

---

[4] Abgesehen von der britischen Intervention zur Zeit des ersten anglo-afghanischen Kriegs war Qandahar bis 1855 fest in der Hand von Dost Muhammad Khans Halbbrüdern Scherdil (gest. 1826), Purdil (gest. 1830), Kuhandil (gest. 1855), Rahmdil (gest. 1859) und Mihrdil (gest. 1855). Herat wurde bis 1841 von dem letzten Sadozai Herrscher Mahmud (1817-1829) und seinem Sohn Kamran (1829-1841) regiert. Von 1841 bis 1855 war es unter der Kontrolle von Kamrans Minister Yar Muhammad Khan Alikozai (1841-1851) und dessen Sohn Sa'id Muhammad Khan (1851-1855). Nach der iranischen Besetzung Herats von 1856-1857 regierte Dost Muhammad Khans Cousin Sultan Ahmad Khan b. Muhammad 'Azim die Stadt bis 1863.

anglo-afghanischen Krieg verschaffte er sich Kontrolle über Balkh (1849), Qandahar (1855) und Herat (1863).

In der Verwaltung seines neu geschaffenen Reiches stand der Begründer der Muhammadzai Dynastie vor der Aufgabe, den paschtunischen Stämmen eine neue herrschende Dynastie schmackhaft zu machen, zugleich aber Stammesprivilegien abzubauen, sofern diese nicht aus Ländereien bestanden, die sowieso schon an die Sikhs gefallen waren. Dost Muhammad Khan antwortete auf diese Herausforderungen mit einer Mischung von Strategien, die teils einen formalen Beschwichtigungskurs gegenüber den Stämmen reflektieren, gleichzeitig aber von einem unverhohlenen Streben zeugen, die Machtbasis des Königshauses zu erweitern. Formal war sein Umgang mit der tribalen Aristokratie konziliant. Im Gegensatz zu dem rigiden Hofzeremoniell der Sadozais gab er seinem Hof das Gepräge einer Stammesversammlung, in der die anwesenden Notabeln als ebenbürtig behandelt wurden (Harlan 1842: 147). Auch in anderer Hinsicht vermied der junge Herrscher Vergleiche mit der Sadozai Dynastie. Als sich 1835 mit dem anstehenden *djihad* gegen die ungläubigen Sikhs für Dost Muhammad Khan die Möglichkeit eröffnete, sich zum König ausrufen zu lassen, entschied er sich für den Titel *amir al-mu'minin* („Fürst der Gläubigen"), der keine Assoziation mit den Sadozai Schahs aufkommen ließ. Außerdem hatte die religiöse Konnotation des Titels „Amir" für Dost Muhammad Khan den Vorteil, daß er an die Gefolgschaft aller Muslime, gleich welcher ethnischer Herkunft, appellieren konnte.

Wie die frühen Sadozai-Herrscher suchte Dost Muhammad Khan, seine Herrschaft durch ein Netz von Heiratsallianzen zu sichern. Seine 16 Ehefrauen stammten überwiegend aus prominenten Qizilbasch-, Paschtunen-

oder Kohistani Familien. Diese Heiratsallianzen dienten in erster Linie dazu, bestehende Bündnisse zu untermauern, wurden aber im Konfliktfall meist zugunsten unmittelbarer politischer Interessen zurückgestellt. Dost Muhammad Khans standhafteste Verbündete waren im Kabulbecken zu finden. Die obengenannten Morcha Khel Mohmands sowie die weiter westlich lebenden Djabbar Khel Ghilzais bürgten für die Sicherheit der Handelsroute, die über den Khyber Pass nach Peshawar führte, und genossen weiterhin ihre traditionelle Privilegien, deren Umfang sich allerdings gemessen an der Sadozai Periode etwas spärlicher ausnahm.

Trotz freundschaftlicher Bande mit gewissen Stammesführern stellte sich Dost Muhammad Khans Verhältnis zur tribalen Aristokratie überwiegend als ein mühsames Ringen um ein Gleichgewicht zwischen Staats- und Stammesinteressen dar. Einerseits konnte der Amir außerhalb der städtischen Zentren seine Autorität nur mit der Unterstützung der einflußreichen Khane geltend machen. Andererseits waren die stärksten Verbündeten des Königs dank der Privilegien, die sie als Honorar für ihre Dienste erhielten, zugleich potentielle Rivalen. Die enge Verknüpfung zwischen der Führerschaft und dem König wirkte sich sowohl am Hof als auch auf der Stammesebene aus. War ein Bündnis durch eine Heiratsallianz abgesegnet, konnte die mütterliche Verwandtschaft eines Prinzen als wichtige „Lobby" am königlichen Hof auftreten. Ebenso bestand jedoch die Möglichkeit, daß diese durch Hofintrigen oder den Konflikt zwischen dem Amir und einem seiner Söhne in Mitleidenschaft gezogen wurde.[5] Ein üblicheres Szenario

---

[5] Ein gutes Beispiel für letzteres Phänomen ist das belastete Verhältnis zwischen Amir Scher ʿAli Khan und seinem Schwager Nauroz Khan Morcha Khel Mohmand, dem mütterlichen Onkel seines Sohnes Muhammad Yaʿqub Khan. Scher ʿAli Khans Auseinandersetzungen mit Muhammad Yaʿqub Khan gingen mit dem sukzessiven Abbau der Privile-

war es, daß lokale Führer schlicht aufgrund ihrer anwachsenden Macht dem Amir zum Dorn im Auge wurden. Dies war der Fall für Muhammad Schah Babakr Khel Ghilzai, der von seiner Basis in Laghman nordwestlich von Djalalabad eine entscheidende Rolle im ersten anglo-afghanischen Krieg gespielt hatte.[6] Als sich nach Abschluß des Kriegs seine Hoffnungen auf einen lukrativen Regierungsposten nicht bewahrheiteten, entschloß sich Muhammad Schah Khan 1847 zur Rebellion und schlüpfte in die Rolle des wilden Stammeskriegers. Seine Raubüberfälle auf die Handelsroute nach Kabul dauerten nahezu ein Jahrzehnt an und stellten Dost Muhammad Khans relative Machtlosigkeit in den ländlichen Gebieten unter Beweis.

Während sich Dost Muhammad Khans Verhältnis zu den Stämmen im Kabulbecken nach traditionellem Muster vollzog, büßten die tribalen Gruppen entlang der südlichen Handelsroute ihre einstige Vormachtstellung ein. Am offensichtlichsten ist wohl der Fall der alten staatstragenden Elite der Durranis. Geschwächt durch den jahrzehntelangen Bürgerkrieg, der mit dem Aufstieg der Muhammadzais einher gegangen war, verlor diese Gruppe zu Dost Muhammad Khans Zeiten ihren traditionellen Zugang zu den höchsten Militär- und Verwaltungsposten[7] und erlebte tiefe Einschnitte in ihre Steuerprivilegien.[8] Ausgenommen von dieser Entwicklung in und um Qandahar

---

gien Nauroz Khans einher. Der Konflikt zwischen Nauroz Khan und dem Amir erreichte seinen Höhepunkt, nachdem Muhammad Ya'qub Khan im November 1874 mit Einzelhaft belegt worden war.

[6] Auch hier spielt eine Heiratsallianz eine Rolle. Muhammad Schah Khan war der Schwiegervater Dost Muhammad Khans Sohn Muhammad Akbar Khan (gest. 1847).

[7] Die veränderte Position der Durrani Elite ist auch daran abzulesen, daß der Titel *sardar*, der zu Sadozaizeiten von den höchsten Durrani-Führern als militärischer Titel getragen wurde, nunmehr den Mitgliedern der Muhammadzai-Familie vorbehalten war.

[8] Dieser Prozeß begann schon vor dem ersten anglo-afghanischen Krieg unter Dost Muhammad Khans Halbbrüdern.

waren die Barakzais, die genealogisch eng mit den Muhammadzais verwandt waren. Auch jene Gruppen, deren Siedlungsgebiete weit genug entfernt vom Stadtgebiet lagen, konnten sich erfolgreich dem Druck auf Steuerzahlungen entziehen. Trotz ihrer geschwächten Position blieb die größere Gruppe der Durranis bis ins 20. Jahrhundert ein wichtiger Faktor im politischen und wirtschaftlichen Leben des Landes (Gregorian 1969: 30).

Zwei weitere Gruppen, die erstmalig einer Steuererhebung unterworfen wurden, waren die Hotak und Tokhi Ghilzais, die den südlichen Teil der Handelsroute zwischen Kabul und Qandahar kontrollierten. Die Hotaks hatten im Jahr 1722 mit ihrer Eroberung und siebenjährigen Besetzung Isfahans das Ende des Safawidenreichs besiegelt. Dieser militärische Erfolg wurde im kollektiven Gedächtnis des Stammes bis ins 19. Jahrhundert als separater Herrschaftsanspruch bewahrt. Das politische Schicksal der Hotaks war eng mit dem der benachbarten Tokhis verbunden, mit denen sie um Verwaltungsposten wetteiferten und in Rebellionen gegen die Staatsmacht kooperierten. Zur Rebellion war allerdings während der Hochphase der Sadozai Dynastie kein Anlaß gegeben, da die Führerschaft der Hotaks und Tokhis eine herausragenden Rolle am königlichen Hof spielten und mit reichen Lehen versehen wurden.[9] Mit dem Niedergang der Sadozais und dem Aufstieg

---

[9] Die Einkünfte der Tokhi und Hotak Führer geben uns einen Eindruck über die relative Höhe der tribalen Subsidien gemessen an Timur Schahs und Schah Zamans Nettoeinnahmen von 10 Millionen Rupien. Unter Timur Schah erhielt Amu Khan Tokhi eine jährliche Subsidie von 160.000 Rupien plus Einkommen aus Durrani Ländereien in Jaldak (Fofalzai 1958: 188; Ghani 1982: 358; Leech 1845: 319; Lynch 1841). Zur gleichen Zeit erhielt Nurullah Khan Hotak die immensen Einnahmen von Dera Isma'il Khan, Bannu und Urgun als *jagir* (Fofalzai 1958: 187; Leech 1845: 319-20; Raverty 1888: 85). Das Einkommen von Dera Isma'il allein wurde zu Schah Zamans Zeiten auf 400-600.000 Rupien geschätzt (Husaini 1967: 31; Strachey: „Memoir" Elphinstone Collection, India Office Library F88 13 Hn, fs. 4, 55, 75-80, 102, 107, 109).

41

der Muhammadzais lebten jedoch Bestrebungen nach politischer Eigenständigkeit wieder auf und fanden im großen Hotak-Tokhi Aufstand von 1801-2 ihren Ausdruck. 1852-3 widersetzten sich diese beiden Gruppen ebenso erbittert Dost Muhammad Khans Versuch, eine Kopfsteuer einzuführen, eine Maßnahme, die in ihren Augen so erniedrigend war, daß sie sie mit der Steuer auf Ungläubige (*djizya*) verglichen.

Während Dost Muhammad Khans Herrschaftsgebiet am Ende seiner Regierungszeit in Umrissen dem heutigen Afghanistan entsprach, beschränkte sich jedoch seine tatsächliche Kontrolle auf die städtischen Zentren und die Gebiete entlang der Handelsrouten. Trotz seiner militärischen Erfolge war er jedoch auch hier keineswegs in der Lage, die Machtbalance zwischen Stamm und Staat stark zu seinen Gunsten zu verändern, also den Stämmen ihre angestammten Privilegien abzutrotzen. Das ist zum einen daran abzulesen, daß er, abgesehen von den obigen Beispielen, kaum an den paschtunischen Steuerprivilegien rütteln konnte, die zu Sadozaizeiten festgelegt worden waren. Obwohl widerspenstige Stammesführer mit Gefangenschaft oder Tod zu rechnen hatten, nahm der Amir auf innertribale Angelegenheiten, wie z.B. die Ernennung neuer Führer, nahezu keinen Einfluß.

5. Die Herrschaft Amir Scher 'Ali Khans

Unter Scher 'Ali Khan sehen wir eine neue Variante der Stammespolitik. Ein Teil der traditionellen tribalen Gefolgschaften wurde durch neue ersetzt, und die Zusammensetzung der staatstragenden Elite veränderte sich erheblich. Dies hatte mit der wachsenden Etablierung der Muhammadzai-Dynastie zu tun. Dost Muhammad Khan hatte seine Machtansprüche durchsetzen können, indem er nahezu alle politischen Ämter, die Provinzverwaltung und die hohen militärischen Posten in den Händen seiner Söhne konzentrierte. Nach seinem Tod im Juni 1863 stand nicht länger zur Debatte, *ob* ein Muhammadzai das Recht hatte, den König zu stellen, sondern Konflikt wurde um die Frage formuliert, *welchem* Mitglied der Muhammadzai-Familie dieses Amt zustünde.[10] Ähnlich gut mit Truppen und Provinzeinkünften ausgestattet wie der designierte Thronfolger, hatten Scher ʿAli Khans Brüder und Halbbrüder wenig Interesse daran, sich zu unterwerfen. Die Folge waren fünf Jahre Bürgerkrieg, in deren Verlauf Scher ʿAli Khans Widersacher durch Tod oder Exil eliminiert wurden. Von 1869 an spielte dann seine eigene Verwandtschaft nur noch eine minimale Rolle in den Staatsgeschäften. Scher ʿAli Khan stützte sich fast ausschließlich auf Nicht-Durrani-Paschtunen und die städtischen Qizilbasch. Die Djabbar Khel Ghilzais bildeten eine wichtige Komponente der erweiterten und zentralisierten Armee. Ein Fünftel der Armee bestand außerdem aus Wardak Paschtunen aus der Nähe von Ghazni, deren Führerschaft die Gouverneure von Ghazni, Muqur und Qalat-e Ghilzai stellte. Damit war die Kontrolle der Handelsroute zwischen Kabul und Qandahar zwar in neuen, jedoch wiederum tribalen Händen.

1873 erweiterte Scher ʿAli Khan die informelle Ratsversammlung seines Vaters zu einem Kabinett nach europäischem Muster. Auch hier waren die Vertreter der neuen staatstragenden Elite am prominentesten vertreten. Die beiden Djabbar Khel Ghilzai Führer ʿIsmatullah Khan und Arsalan Khan bekleideten die Posten der Innen- und Außenminister. Habibullah Khan

---

[10] Auch Dost Muhammad Khan hatte sich in den zwanziger Jahren gegen seine Brüder durchsetzen müssen. Allerdings waren zu jener Zeit die Herrschaftsansprüche der Sadozais noch so präsent, daß zumindest die Anfangsphase des Konflikts im Namen von Sadozai-Strohmännern ausgetragen wurde.

Wardak stellte den Finanzminister. Husain 'Ali Khan Qizilbasch wurde zum Kriegsminister ernannt. Während Scher 'Ali Khans Reformversuche neuen Gruppen Zugang zu den Regierungsgeschäften gab, änderte sich nicht viel an den altbekannten politischen Mechanismen. Zwar rieben sich neue Gruppen um Regierungspositionen und die damit verbundenen Pfründe, doch der Kreis derjenigen, die Aussicht auf Posten hatten, vergrößerte sich keineswegs. Scher 'Ali Khan war seinerseits darauf bedacht, die Segmente der neuen staatstragenden Elite gegeneinander auszuspielen, indem er die verschiedenen Verwaltungsebenen mit Angehörigen verschiedener tribaler Zugehörigkeit besetzte. Dementsprechend spaltete sich seine Beamtenschaft in zwei Lager. Konflikte wurden meist entlang religiöser Demarkationen ausgetragen, wobei sich die „afghanische", d.h. paschtunische, sunnitische, Gruppierung gegen die schiitischen Qizilbasch stellte. Zudem erschöpfte sich Scher 'Ali Khans vorgeblicher Versuch, überkommene tribale Loyalitäten durch die Schaffung eines Verdienstadels zu ersetzen, oft darin, daß er Beamten förderte, von denen er sich aufgrund ihres schwach ausgeprägten tribalen Rückhalts Loyalität erhoffte. Dies rief wiederum Empörung bei den „besseren" Familien der neuen Elite hervor.[11] So bargen gerade die „modernen" Elemente seiner Politik beträchtlichen ethnischen Zündstoff und brachten tribale Konflikte schärfer ins Relief, anstatt sie abzubauen.

In der bestehenden Historiographie hat Scher 'Ali Khans Reformprogramm kaum Beachtung gefunden, obwohl bei genauerem Hinsehen viele seiner Maßnahmen den Boden für Amir 'Abd al-Rahmans Zentralisierungs-

---

[11] Ein Beispiel hierfür war Husain 'Ali Qizilbasch, der seine Karriere in der Armee weniger militärischen Fähigkeiten als seinem unbedingten Gehorsam dem Amir gegenüber verdankte.

versuche bereiteten. Die Eckpunkte der Politik Scher 'Ali Khans waren die Bündelung der Steuereinnahmen und die Modernisierung der Armee. Zu seinen fiskalischen Neuerungen gehörte die Abschaffung des noch aus Sadozaizeiten stammenden Gutschriftensystems, nach dem die Soldaten zumindest einen Teil ihres Solds direkt bei den lokalen Erzeugern einzutreiben hatten. Als Teil seines Bestrebens, alle Steuereinnahmen unter zentrale staatliche Kontrolle zu bringen, versuchte Scher 'Ali Khan zudem, die Abgaben gänzlich von Naturalien auf Geldbasis umzustellen. In seinem Bemühen, die Steuereinnahmen zu steigern, verließ sich Scher 'Ali Khan nicht so sehr auf seinen designierten Finanzminister Habibullah Khan Wardak wie auf den Premierminister Nur Muhammad Schah, einen Sayyed aus Pischin. Als tribaler Außenseiter am Hof war Nur Muhammad Schah für seine „trokkene" Disposition, seine Gleichgültigkeit Stammesloyalitäten und -privilegien gegenüber, bekannt und gefürchtet. Er verfolgte unbeirrbar die Interessen des Königs, und sein rigoroses Pochen auf die Einhaltung der finanziellen Abmachungen zwischen den Provinzgouverneuren und der Zentralregierung löste eine Welle von Korruptionsbeschuldigungen aus. Trotzdem waren Nur Muhammad Schahs Erfolge begrenzt. Zum einen war durch seinen steigenden Einfluß in Finanzangelegenheiten ein Konflikt mit dem Wardak-Lager in der Regierung vorprogrammiert. Zum anderen empfanden viele der Beamten das ungeahnte Maß der Staatskontrolle als beleidigend. So hielt 1876 der Außenminister dem König vor, daß ihm Nur Muhammad Schahs Korruptionsbeschuldigungen ein zusätzliches Einkommen von allerhöchstens 300.000 Rupien beschert hätten, ihn aber doppelt so wertvolle tribale Loyalitäten gekostet hätten.[12]

---

[12] Dennoch stiegen Scher 'Ali Khans Bruttoeinnahmen zwischen 1869 und 1878 von 7,1

Wie sein Vater konzentrierte sich Scher 'Ali Khan auf den Ausbau der Armee als Instrument der Herrschaftssicherung. Während seiner Regierung verdoppelte sich die Anzahl der Soldaten und stieg von 25.000 Mann unter Dost Muhammad Khan auf 56.000. Wichtiger war jedoch, daß sich die Struktur der Armee grundlegend veränderte. Unter Scher 'Ali Khan ersetzte die reguläre Infanterie zum ersten Mal die traditionelle tribale Kavallerie als Rückgrat der Armee.[13] Während Dost Muhammad Khan die gesamte Armee unter seinen Söhnen verteilt hatte, faßte Scher 'Ali Khan seine Truppen unter einem zentralen Kommando zusammen und zentralisierte die Bezahlung der Soldaten. Zudem war er bestrebt, auch innerhalb der Armeekontingente tribale Affinitäten aufzubrechen. So ordnete er 1872 an, die bestehenden Infanterieregimente nach Körpergröße umzuorganisieren. Scher 'Ali Khans Bemühungen, die Armee nach europäischem Muster zu unterweisen, brachten nicht nicht nur die ersten militärischen Handbücher auf Persisch und Paschtu hervor, sondern legten auch den Grundstein für das moderne afghanische Bildungssystem.[14]

Scher 'Ali Khans Streben, die bestehenden tribalen Strukturen seines Staats durch „moderne" zu ersetzen war nur begrenzter Erfolg beschert. Im Licht der Geschehnisse unmittelbar vor dem zweiten anglo-afghanischen Krieg drängt sich der Eindruck auf, daß der Amir zwar bestehende, tribale Loyalitäten zerschlagen oder zumindest in Frage gestellt hatte, sie aber nicht

---

Millionen auf 10 Millionen indische Rupien oder 13 Millionen Kabuli Rupien.
[13] Während der dreißiger Jahre des 19. Jahrhunderts waren 3.000 der gesamten Kavallerie von 12.000 reguläre Soldaten. Von den 24.450 Soldaten, die Dost Muhammad Khan 1856 zur Verfügung standen, waren 7.300 reguläre Infanterie, 15.300 Kavallerie und 1.850 Fußmilizen. Unter Scher 'Ali Khan hingegen wuchs die Armee auf 56.243 Männer an, von denen 41.215 Infanteristen waren. Diese waren mehrheitlich reguläre Soldaten.

durch eine neue Gefolgschaft ersetzen konnte, die fähig war, das Staatswesen zu Krisenzeiten zusammenzuhalten. Scher 'Ali Khans politisches Verhalten zeigte in vieler Hinsicht eine unglückliche Mischung von alt und neu. Altgestandene Verbündete des Königshauses bekamen seine „moderne" Seite zu spüren, seinen Anspruch, tribale Loyalitäten zugunsten des direkten Zugangs zu den Ressourcen seines Landes aufzuweichen. Die neu geschaffene staatstragende Elite versuchte der Amir hingegen durch die traditionelle Methode der Privilegien- und Pfründenvergabe an sich zu binden. Ein weiterer inhärenter Widerspruch seiner Politik war der Versuch, tribale Zugehörigkeiten innerhalb der Armee mit der Unterstützung von tribalen Führern abzubauen. Dies hatte den Effekt, daß in erster Linie die tribale Kavallerie derjenigen Gruppen dezimiert wurde, die ihre zentrale Rolle im politischen Geschehen und in der Armee bereits verloren hatten. Bei den Djabbar Khel Ghilzais und Wardaks hingegen war nicht an die Abschaffung solcher Privilegien zu denken. Ein weiteres fundamentales Problem der Modernisierungspläne Scher 'Ali Khans lag darin, daß die Reichweite seiner Administration keinesfalls größer war als die seines Vaters. Wie zu Dost Muhammad Khans Zeiten waren hauptsächlich die Städter und die Bevölkerung entlang der Handelsrouten der Eintreibung von Steuern und Soldaten ausgesetzt. Scher 'Ali Khans Bemühungen, für die drohende Konfrontation mit den Briten unter eben diesen Gruppen 200.000 zusätzliche Soldaten auszuheben, grenzte somit ans Absurde und fand keinerlei populäre Unterstützung.[15] Die Machtausübung der frühen Muhammadzais war somit ein prekä-

---

[14] 1873 gründete Scher 'Ali Khan eine Militärakademie für Offiziersanwärter und eine zivile Schule für die Söhne der königlichen Familie und der Stammesfürsten.
[15] Kabul, Qandahar, Herat und Afghan Turkistan sollten jeweils 50.000 Soldaten zur Verfügung stellen. In der Provinz Kabul sah der König folgende Zahlen vor: je 8.000

res Unterfangen. In diesem Licht erstaunen den Betrachter nicht so sehr die Mängel des neu entstandenen Verwaltungswesen wie die Tatsache, daß es überhaupt funktionieren konnte und den Grundstein für die nahezu 150 jährige Vorherrschaft der Muhammadzais legte.

Zitierte Literatur

BURNES, Alexander (1834): *Travels into Bokhara* 3 Bde. London

ELPHINSTONE, Mountstuart (1972): *An Account of the Kingdom of Caubul.* Karachi [repr. first ed.1815]

FAIZ, Muhammad (1912): *Siradj al-tawarikh.* Kabul

FOFALZAI, 'Aziz al-Din Wakili (1958): *Durrat al-zaman fi tarikh Schah Zaman.* Kabul

FOFALZAI, 'Aziz al-Din Wakili (1967): *Timur Shah Durrani.* Kabul

GELLNER, Ernest (1969): *The Saints of the Atlas.* Chicago

GHANI, Ashraf (1982): *Production and Domination: Afghanistan, 1747-1901* (unveröffentlichte Dissertation. Columbia University)

GLATZER, Bernt (1983): Political Organization of Pashtun Nomads and the State. In: Richard TAPPER (Hrsg.): *The Conflict of Tribe and State in Iran and Afghanistan.* New York: 212-232

GREGORIAN, Vartan (1969): *The Emergence of Modern Afghanistan.* Stanford

GREVEMEYER, Jan-Heeren (1990): *Afghanistan: Sozialer Wandel und Staat im 20. Jahrhundert.* Berlin

HARLAN, Josiah (1842): *A Memoir of India and Avghanistaun.* Philadelphia

HUSAINI, Imam al-Din (1967): Chand safha az tarikh-e husain shahi. In: *Aryana* 25 (4): 26-33 [repr. first ed. 1797]

Soldaten aus Logar und Ghazni, je 6.000 Soldaten aus Wardak, Zurmat, Ghilzai und Kohistan, 10.000 Soldaten aus Kabul und Umgebung (National Archives of India, KM 31 Januar 1877, For. Sec. February 1878 No. 155).

LEECH, Robert (1845): An Account of the Early Ghiljaees. In: *Journal of the Asiatic Society of Bengal* 14: 306-328

LYNCH, J. (1841): *Report on the Tooran Guljies*. India Office Library. L/P&S/5/159 No. 53 of 8 July 1841

LUMSDEN, H. B. (1860): *The Mission to Kandahar*. Calcutta

MERK, W. R. H. (1984): *The Mohmands*. Lahore [repr. first ed. 1898]

MOUSAVI, Sayed Askar (1998): *The Hazaras of Afghanistan*. Richmond

NOELLE, Christine (1995): The Anti-Wahhabi Reaction in Nineteenth-Century Afghanistan. In: *Muslim World* 85 (1-2): 23-48

NOELLE, Christine (1997): *State and Tribe in Nineteenth-Century Afghanistan: The Reign of Amir Dost Muhammad Khan (1826-1863)*. Richmond

OESTERDIECKHOFF, Peter (1978): *Hemmnisse und Widersprüche in der Entwicklung armer Länder - Darstellung am Beispiel Afghanistans*. München

RAVERTY, H. G. (1888): *Notes on Afghanistan and Part of Baluchistan*. London

SULTAN MUHAMMAD KHAN B. MUSA DURRANI (1881): *Tarikh-e Sultani*. Bombay

Die Beziehungen zwischen Afghanistan und Deutschland
in den Jahren 1919-1929

Dr. Alema

Dieser Beitrag[1] befaßt sich mit den Beziehungen zwischen Afghanistan und
Deutschland zwischen den Jahren 1919 und 1929, d.h. mit der Regierungszeit von König Amanullah. Erst die formale Unabhängigkeit Afghanistans
von Britisch-Indien durch den Abschluß der Verträge von Rawalpindi 1919
und Kabul 1921 schuf die Voraussetzung für eine neue, souveräne außenpolitische Orientierung des Landes. Angesichts des traditionellen britisch-
russischen Interessengegensatzes in dieser Region und vor allem um sich
dem fortbestehenden Druck Großbritanniens zu entziehen, bemühte sich die
afghanische Führung um neue Kontakte zu europäischen Mächten, die außerhalb dieser Rivalität standen. Sie wendete sich bevorzugt an „dritte
Mächte", von denen sie annahm, daß sie die neutrale Unabhängigkeit nicht
unmittelbar antasten würden und deshalb enge ökonomische Bindungen keine nachteiligen Auswirkung für Afghanistan haben könnten. Durch diese
Politik sollten ausländische Investitionen in der Wirtschaft und europäisches
Know-how durch Berater und Spezialisten ins Land geholt werden. Unter
den „Drittmächten" gewann Deutschland aus mehreren Gründen besondere

---

[1] Dieser Artikel fußt auf meiner Dissertation. In dieser wurden - ausgehend von der Beschreibung der Verhältnisse in Afghanistan zu Beginn des 20. Jahrhunderts - die afghanisch-deutschen Beziehungen bis Ende der zwanziger Jahre in ihrer historischen Entwicklung auf politischem, wirtschaftlichem und kulturellem Gebiet sowie ihre Bedeutung

Bedeutung: Deutsche Interessen waren schon vorher auf Afghanistan gerichtet gewesen, namentlich wegen seiner günstigen militär-strategischen Lage. Ein bemerkenswerter Versuch war die Niedermayer-Mission in den Jahren 1915 bis 1916, noch während des Ersten Weltkriegs. In Deutschland sah die afghanische Regierung ein hochentwickeltes Industrieland „mit hohem Zivilisationsgrad" (Shah 1929: 246). Gleichzeitig profitierte die afghanische Regierung aus der nach dem Ende des I. Weltkriegs entstandenen außenpolitischen und wirtschaftlichen Isolierung Deutschlands. Dr. Fritz Grobba, der von 1923 bis 1926 deutscher Geschäftsträger in Kabul war und dessen Schriftstücke und Memoiren wichtige Quellen für diese Zeit darstellen, meinte später diesbezüglich:

> „In Deutschland herrschten damals Arbeitslosigkeit und Inflation. Daher gelang es der afghanischen Gesellschaft mit den deutschen Sachverständigen Verträge zu sehr ungünstigen Bedingungen für die Deutschen abzuschließen." (Grobba 1967: 16)

„Ungünstig" scheint mir in diesem Zusammenhang nicht die treffende Umschreibung zu sein. Im Unterschied zu Abmachungen mit Sowjetrußland oder England ging es hierbei um Verträge zum beiderseitigen Vorteil. Deutschland war wegen seiner Isolierung nach dem Ersten Weltkrieg an der Anknüpfung zwischenstaatlicher Beziehungen besonders auf wirtschaftlichem Gebiet interessiert. 1921 entsandte Afghanistan eine Mission ins Ausland, unter anderem nach Deutschland. Sie äußerte konkrete Vorstellungen zur Unterstützung ihres Landes und beabsichtigte die Intensivierung diplomatischer Kontakte:

> „Wegen der außenpolitischen Sensibilisierung nach dem Ende des Ersten

---

für Afghanistan erstmals komplex dargestellt.

Weltkriegs und besonders wegen der äußerst komplizierten Beziehungen zu Großbritannien nahm Deutschland den afghanischen Wünschen gegenüber zuerst eine generell ausweichende, dilatorische Haltung ein." (Alema 1994: 55)

Abgesehen davon, daß die Errichtung einer deutschen diplomatischen Vertretung in Kabul noch Zeit brauchte, hatte sich die deutsche Seite bereit erklärt, wirtschaftliche und kulturelle Hilfe zu leisten. Durch diese Maßnahmen wurden grundlegende Bedingungen für spätere offizielle Beziehungen zwischen Deutschland und Afghanistan geschaffen. Trotz der nach außen demonstrierten Zurückhaltung war Deutschland tatsächlich sehr auf den Aufbau politischer und wirtschaftlicher Verbindungen bedacht. Politisch rechnete es mit einer künftig steigenden Bedeutung Afghanistans als Zentrum aufgeschlossener islamischer Bestrebungen. Wirtschaftlich war Deutschland, das infolge des Ersten Weltkriegs alle Kolonien verloren hatte, bestrebt, neue Absatzmärkte, Rohstoffquellen und strategische Vorposten zu gewinnen (vgl. PAA Bonn, Bd. I). In der Berliner „Täglichen Rundschau" hieß es am 11.9.1925 dazu:

„Es ist erfreulich, neue Spuren deutschen Unternehmensgeistes in der Welt festzustellen. In den mittleren ostasiatischen Ländern, in Afghanistan und Persien, harren Bodenschätze und Entfaltungsmöglichkeiten von noch unschätzbarer Bedeutung der Verwertung. Das Land sehnt sich nach Erschließung, ohne diese jedoch mit eigenen Kräften allein aufbringen zu können ... und so den Außenhandel selbst in deutsche Hände legen zu wollen."

Im September 1922 kam der aktive Jungafghane Ghulam Sidiq Khan als afghanischer Gesandter nach Berlin. 1923 traf nach Herstellung der vollen diplomatischen Beziehung Fritz Grobba als erster deutscher Gesandter in Kabul ein. 1923 wurde in Bremen die Deutsch-Orientalische Handelsgesellschaft mit einem Aktienkapital von 10.000 Goldmark gegründet, die allgemein die Verbesserung der Kontakte zu orientalischen Ländern anstrebte. Sie wurde 1925 in die Deutsch-afghanische Compagnie (DACOM) umgewandelt, die sich auf Afghanistan konzentrierte. Während Deutschland zahlreiche Anlagen und unterschiedliche Waren exportierte, importierte es vor allem Güter, die außerhalb Afghanistans kaum vorkamen; so etwa Lapislazuli und Persianerfelle, die in Europa zu 80% über die Leipziger Pelzbörse vermarktet wurden. Auf der Basis dieses Warenaustauschs wurde 1925 ein umfangreicher Handelsvertrag zwischen beiden Ländern abgeschlossen.

Beide Seiten hatten große Hoffnungen und viele Wünsche, waren dabei aber nicht ohne Illusionen, da die Schwierigkeiten an Ort und Stelle sowohl von deutscher als auch von afghanischer Seite oft unterschätzt wurden. Das zeigen viele nicht realisierte Pläne, wie der Bau einer Eisenbahnstrecke und Berichte in den Akten, wie ein Brief des Militärberaters Freiherrn von Kaltenborn-Stachau, der sich 1923 in afghanischem Militärdienst befand. Er beklagte sich über das Fehlen entsprechender Geldmittel, für den sich in deutscher Regie und Verantwortung befindlichen Aufbau und die Modernisierung der afghanischen Artillerie, die allgemein schlechte Organisation der Arbeitsbedingungen für die deutschen Offiziere sowie über den Umstand, daß es nach Möglichkeit streng vermieden wurde, den deutschen Gästen überhaupt Einblick in die tatsächlichen Verhältnisse innerhalb des afghanischen Militärwesens zu gewähren. Aufgrund solcher Äußerungen wurden führende Positionen in der afghanischen Armee, die bislang Deutsche innehatten, umgehend mit Vertretern des türkischen Militärs besetzt, die in Art und Kultur dem afghanischen Volk sehr viel enger verwandt waren als die Deutschen. Hierzu sei zitiert:

> „... und ich nahm meine Tätigkeit beim A. v. K. wieder auf. Dort hatten sich aber inzwischen die Verhältnisse völlig geändert. Ein Türke war General-stabschef geworden und von dem Augenblick an wurde ich über nichts mehr unterrichtet. Ich war so gut wie ausgeschaltet. ..." (DZA Potsdam: 340-89)

Deutsche Spezialisten - Offizieren, Techniker, Lehrer, Ärzte und Künstler - nahmen auf vielen Gebieten an der Realisierung der Reformen teil, die Amanullah in zwei Perioden 1919 bis 1924 und 1928 vorantrieb. Diese Umgestaltungen erfaßten eigentlich alle Bereiche der Gesellschaft, von der Einführung einer Verfassung und umfangreicher juristischer Verän-derungen über die Schaffung eines zeitgemäßen Heeres, einzelner Fabriken und nicht zuletzt moderner Schulen. Doch waren diese mit ungeheurem Kraftaufwand und großer Eile in Kabul beschlossenen und eingeleiteten Reformen „von oben" zum Scheitern verurteilt.

Warum? Meiner Meinung nach sind dabei zahlreiche Faktoren von Be-deutung: Im Inneren ist es der große Gegensatz zwischen den weltoffenen Maßnahmen der zentralen Führung und den tatsächlichen Verhältnissen in den meisten, gerade den ländlichen Gebieten Afghanistans. Es ist nicht zu vergessen, daß in diesem Land zahlreiche Völker mit unterschiedlichen kul-turellen und religiösen Traditionen unter ganz unterschiedlichen sozialen Bedingungen leben. Die Oberschichten der Stämme und Dörfer genossen ei-ne gewisse Unabhängigkeit und sicherten ihre Position vor Ort durch kom-plizierte Abhängigkeitsbeziehungen ab. Dem dienten auch die vorherrschen-den tradierten Sitten und Normen, die durch die islamische Geistlichkeit zu-dem religiös sanktioniert wurden. Außerdem konnte diese Oberschicht mit der Unzufriedenheit der bäuerlichen Massen rechnen, die in Amanullahs Reformen keine wirkliche Verbesserung ihres Lebens erkennen konnten. Amanullah hatte es im Laufe seiner Regierungszeit versäumt, zur Sicherung seiner Macht und Reformpolitik die Armee entsprechend zu modernisieren, zu reorganisieren und sich ihrer Loyalität gegenüber der Regierung zu versichern. „Amanullah hatte Kemal Atatürk als Vorbild, aber nicht auf militärischem Gebiet", merkt etwa der afghanische Autor S. Haschimi (1982: 187) an. Neben vielen Mißständen in diesem Sektor gab es zahlreiche Probleme und Mißstimmungen wegen des Wehrdienstgesetzes, das 1924 verabschiedet wurde und türkischen sowie persischen Vorbildern folgte. Amanullah versuchte, die allgemeine Wehrpflicht einzuführen. Durch diese Maßnahme wurden bestimmte überkommene Privilegien der Stammesaristokratie und des Adels beseitigt. Die Führer der freien Stämme sahen in der Festlegung einer allgemeinen Dienstverpflichtung einen Affront und einen schweren Angriff auf ihre bisher weitgehende Autonomie. In diesem Zusammenhang kam es 1924 zu einem Aufstand in Paktia. Auf Ersuchen der afghanischen Regierung flog der deutsche Pilot Dr. Weiss mehrmals in das Unruhegebiet und warf erst Flugblätter und dann Bomben auf die Aufständischen ab. Diese Flüge trugen erheblich zum Abflauen der Erhebung bei (vgl. PAA; Aufzeichnung vom 7.1.1925, Bd. 2) und förderten das Ansehen der deutschen Militärs bei der Regierung.

Deutschland unterstützte Afghanistan also tatkräftig auf militärischem Gebiet. In meiner Dissertation habe ich anhand von Archivmaterialien dargestellt, warum diese Hilfe in den zwanziger Jahren noch ziemlich begrenzt war. Ein Grund dafür war folgender: Als die afghanische Regierung 1924 zum Beispiel drei aus Deutschland gekommene Militärexperten aufforderte, in der Kriegsschule Unterricht zu erteilen, erhob der englische Gesandte Francis Humphreys unter Berufung auf den Versailler Vertrag Bedenken (PAA; Telegramm aus Kabul vom 11.5.1924, Bd. 2). Ähnlichen britischen Protest gab es gegen die o.g. Aktionen des deutschen Piloten in den Aufstandsgebieten. Aber in den Folgejahren wurde die Haltung des britischen Gesandten gegenüber den deutschen Offizieren milder.

Eine sehr nützliche und für die Zukunft wichtige Arbeit leisteten die Deutschen in Afghanistan auf kulturellem Gebiet. So wurde im Jahre 1924 die Amani-Schule als erste moderne Lehreinrichtung neben der französischen Amaniya-Schule gegründet. Wie die Kunstgewerbeschule wurde sie von Deutschen eingerichtet. Der Leiter der Schule war Dr. Iven, der auch Dari sprach. Der Plan und das System der deutschen Realoberschule wurden zum Vorbild erhoben. Naturwissenschaftliche Fächer wurden in deutscher Sprache unterrichtet. Zahlreiche Absolventen studierten später in Deutschland. In ihre Heimat zurückgekehrt erreichten viele von ihnen hohe Positionen im öffentlichen Leben und hielten kontinuierlich die kulturellen Beziehungen zu Deutschland aufrecht. Mit Hilfe deutscher Lehrer und Meister wurden auch einige Fachschulen (z.B. das Technikum Kabul) gegründet. (vgl. Alema 1994: 66 ff.).

Im Jahre 1925 war es durch angestrengte Bemühungen der DACOM endlich gelungen, einen offiziellen Handelsvertrag mit der afghanischen Regierung abzuschließen. Damit wurde afghanischen Bedürfnissen vielseitig und aufgeschlossen entsprochen. Am 3.3.1926 wurde in Berlin zwischen Reichsaußenminister Stresemann und dem afghanischen Gesandten Ghulam Sidiq Khan ein Freundschaftsvertrag abgeschlossen, der die Fortdauer freundschaftlicher Beziehungen garantierte und die gegenseitigen diplomatischen Beziehungen regelte.

In den Jahren 1927/28 begab sich König Amanullah auf eine große Auslandsreise durch mehrere Staaten des Nahen Osten und Europas. Dadurch sollte das internationale Ansehen und das Vertrauen in seine Reformpolitik gestärkt und die für den wirtschaftlichen Aufbau notwendigen Anlagen und Maschinen erworben werden. Das Programm des Deutschlandbesuchs war gegenüber den Aufenthalten in anderen Staaten umfassender und stärker auf öffentliche Repräsentation ausgerichtet. Beide Seiten wollten damit nicht zuletzt signalisieren, daß sie die noch bestehende internationale Isolierung überwinden wollten. Die bisherigen Beziehungen erhielten konkrete und bedeutende Impulse. Aufgrund des Interesses deutscher Wirtschaftskreise konnte Afghanistan den dringendsten Bedarf an industriellen Anlagen und Wirtschaftsgütern sowie an Fachleuten und Beratern in ausreichendem Umfang in Deutschland decken. Afghanistan erhielt einen Kredit über 6 Mio. Reichsmark zu günstigen Bedingungen, der aber nach 1929 aufgrund politischer Unsicherheiten in Afghanistan nicht mehr effektiv genutzt werden konnte.

Die zugespitzte innenpolitische Lage nach der Rückkehr Amanullahs nach Afghanistan beendete die konsequente Fortsetzung von gesellschaftlichen Veränderungen und die zügige Realisierung der während der Reisen getroffenen Vereinbarungen. Reformfeindliche Kräfte stürzten 1929 Amanullah und seine Anhänger und stoppten vorübergehend die weitere Modernisierung des Landes. Für das Scheitern der Reformen spielten neben den inneren Faktoren auch äußere eine Rolle. Das betrifft besonders die negative Politik Großbritanniens gegenüber Amanullahs Regierung. Mit englischer Unterstützung verteilten Batscha-e-Saqao und seine Anhänger Flugblätter, die sich gegen den König und seine Reformpolitik richteten; auch verbreiteten sie unter anderem Fotomontagen, die Aktbilder mit dem aufmontierten Kopf von Königin Soraya zeigten. Die Rebellen erhielten Waffen und Munition aus britischen Quellen. Jawarhalad Nehru schrieb später über diesen Vorgang:

> „Wer war für diese ausgedehnte und kostspielige Propaganda verantwortlich? Die Afghanen besaßen dazu weder das Geld noch die Kenntnisse, sie waren nur passende Objekte dafür." (Nehru 1957: 910)

Deutschland zeigte weiterhin Interesse an Amanullah, der von 1929 bis zu seinem Tode 1966 in Rom im Exil lebte. 1939 legte das Auswärtige Amt im Einvernehmen mit der Abwehrabteilung des Admirals Canaris sogar einen abenteuerlichen Plan zu seiner Rethronisierung vor. Der eigentliche Zweck des Unternehmens bestand darin, eine Basis für Operationen jeder Art gegen Indien zu gewinnen, englische Streitkräfte zu binden und die Aufstandsbewegung in Waziristan zu unterstützen. Doch gab es zu dem Plan unterschiedliche Haltungen. Das Auswärtige Amt schlug im Einvernehmen mit der Abwehr vor, über Afghanistan nach dem Sturz der damaligen Regierung und nach der Wiedereinsetzung Amanullahs gegen Indien vorzugehen. Gegen diese Position richtete sich Fritz Grobba dahingehend,

> „ ...daß eine solche Aktion lediglich zu einem Bürgerkrieg innerhalb Afghanistans führen würde, der aber den Engländern eher Vorteile als Nachteile bringen, aber voraussichtlich Deutschlands starke Positionen in Afghanistan vernichten würde und daß wir, wenn wir etwas gegen Indien unternehmen wollten, es zusammen mit der derzeitigen deutschfreundlichen afghanischen Regierung tun müßten" (Grobba 1967: 59).

Die Aktion zur Wiedereinsetzung des gestürzten Königs wurde nicht ausgeführt. Die geplanten deutschen Aktivitäten 1939 lassen sich als abenteuer-lich einstufen und dienten alles Anderem als dem Interesse an Amanullah und Afghanistan. Afghanistan lief damit Gefahr, zum Spielball der national-sozialistischen Auslandsaktivitäten nicht nur gegen Britisch-Indien, sondern wahrscheinlich auch gegen das sowjetische Mittelasien zu werden. Doch waren die deutschen Pläne wohl eher spielerischer als ernsthafter Art.

Die afghanisch-deutschen Beziehungen erlangten in den zwanziger Jah-ren auch im Vergleich zu den Kontakten Kabuls mit Moskau oder Paris eine außergewöhnliche Breite, Intensität und Fruchtbarkeit. Trotz des Scheiterns der schnellen und umfassenden Modernisierungen von oben wurden doch gerade in diesem Jahrzehnt politische, wirtschaftliche und kulturelle Grund-lagen gelegt, auf die sich spätere Regierungen stützen konnten und die für Afghanistan den Weg in die Welt öffneten.

Nachdem das Ansehen der Sowjetunion infolge seines Einmarschs 1979 und dem folgenden Krieg bei der afghanischen Bevölkerung auf ein Minimum gesunken ist, bildet das traditionell gute Verhältnis zu Deutsch-land für ein zukünftiges, friedliches Afghanistan eine wichtige Möglichkeit für den Neuaufbau zwischenstaatlicher Beziehungen.

Zitierte Literatur

ALEMA (1994): *Die Beziehungen zwischen Afghanistan und Deutschland in den Jah-ren 1919-1929*. Leipzig (Diss.)

GROBBA, F. (1967): *Männer und Mächte im Orient. 25 Jahre diplomatische Tätigkeit im Orient*. Zürich, Bern, Frankfurt

HASCHIMI, S. (1982): *Afghanistan-i-mahaser* [Geschichte Afghanistans in der Neuzeit]. Kabul

NEHRU, J. (1957): *Weltgeschichtliche Betrachtungen. Briefe an Indira.* Düsseldorf

SHAH, Ikbal Ali (1928): *Afghanistan of the Afghans.* London

Archivmaterial

Berliner Tageblatt vom 22.2.1928

DZA Potsdam, DGK, Akt.-Nr. 340-89

PAA (Politisches Archiv des Auswärtigen Amts) Bonn, Bd. I, L 014525, Pol.2, Aktengruppe III Afghanistan, R 77898.

PAA (Politisches Archiv des auswärtigen Amtes) Bonn, Aufzeichnung vom 7.1.25, L 014589, Aktengruppe III Afghanistan, Pol. 2, Bd. 2.

PAA (Politisches Archiv des auswärtigen Amtes) Bonn, Telegramm aus Kabul vom 11.5.24, Aktengruppe III Afghanistan, Pol. 2, Bd. 2.

Islamische Konzepte und politische Koalitionen

Almut Wieland-Karimi

In Afghanistan nehmen im Tauziehen um politische Macht islamische Konzepte immer wieder eine zentrale Rolle ein.[1] Sie untermauern auf rhetorischer Ebene wechselnde politische Loyalitäten und Koalitionen. Ein Schlüssel zum Verständnis der politischen Geschehnisse in diesem Land liegt daher in diesen im Islam wurzelnden Konzepten und der mit ihnen verbundenen Rhetorik. Deshalb möchte ich in diesem Beitrag auf verschiedene Konzeptionen eingehen, deren Funktionalisierung zum Mechanismus in der afghanischen Geschichte und Gegenwart geworden sind.

1. Religiöse Legitimität

Entscheidungsgrundlage für die Frage der religiösen Legitimität bilden kollektiv anerkannte religiöse Konzepte aus den Anfängen des Islam. Es handelt sich sozusagen um eine Legitimation aus der jenseitigen Welt, deren Artikulation die Angelegenheit religiöser Vertreter ist. Ein von diesen legitimierter muslimischer Herrscher regiert - aus Sicht der Gläubigen - mit göttlicher Gnade. Legitimität obliegt somit der Perspektive des Betrachters, wie Asta Olesen es für diesen Zusammenhang formuliert (1995: 301).

---

[1] Canfield: „Coalitions based on religious ideals which could exert a strong influence on public affairs have not received much serious attention" (1984: 213). Vgl. Wieland-Karimi (1998: 45ff.).

Wird während der Amtsausübung eines religiös legitimierten Herrschers die Rechtmäßigkeit dessen Führung angezweifelt, konkret gesagt,
wird in Frage gestellt, ob der Herrscher ein „guter Muslim" ist, oder ob er
zum „Ungläubigen" (*kafir*) geworden ist, so muß der Rat religiös ausgebil-
deter Rechtsgelehrter eingeholt werden. Zum Sturz des Machthabers wegen
seiner Verstöße gegen islamische Gebote bedarf es eines Rechtsgutachtens
(*fatwa*). Dieses muß besagen, daß der Herrscher vom rechten Glauben ab-
gefallen ist, ein Apostat ist (ursprünglich war er ja religiös legitimiert): Ihm
wird also die göttliche Sanktion mit göttlicher Sanktion entzogen. Ein Grund
für seine vemeintliche Apostasie kann beispielsweise seine Kooperation mit
Ungläubigen, wie Vertretern nicht-muslimischer Mächte oder Staaten sein.

In einem bestehenden Machtgefüge kommt sufischen Vertretern bei
Auseinandersetzungen um die religiöse Legitimität eine besondere Rolle zu.
Sie verfügen über eine ihnen spezifische Autorität, indem diejenigen, die
ihre Fähigkeit anzweifeln, Wunder (*karamat*) zu vollbringen oder Segens-
kraft (*baraka*) zu übermitteln, Gefahr laufen, sich selbst zu diskreditieren.
Nicht nur, daß letzteren vorgeworfen werden kann, daß sie die innere Wahr-
heit nicht zu erkennen vermögen, sondern sie können vielmehr als Ungläubige disqualifiziert werden.[2]

Auch im Kampf um die Krone - so in der afghanischen Geschichte bis
1973 - war es ein beliebtes Mittel, den Gegner als Ungläubigen zu denunzieren. Als Beispiel sei der Sturz des afghanischen Königs Amanullah im Jahr
1929 angeführt: Mit einem gebündelten Reformpaket im Gepäck kehrten
Amanullah und seine Frau 1928 von einer Europareise zurück. Als Reaktion

---

[2] Vgl. Gilsenan (1982: 77)

auf die bei einer Ratsversamlung (*loya djirga*) öffentlich gemachten Pläne ergriffen religiöse Vertreter, u.a. Familienmitglieder des Hazrat-e Shur Bazar und des Molla Hamidullah aus Tagab, die Amanullah neun Jahre vorher religiös legitimiert und gekrönt hatten, die Initiative. Sie überreichten Amanullah eine von 400 religiösen Führern unterzeichnete *fatwa*, welche die Unvereinbarkeit seiner Modernisierungspläne mit den Prinzipien des Islam konstatierte. Im Gegenzug fand Amanullah Religionsgelehrte, die seine Reformpläne religiös legitimierten. Dennoch: Ihm mangelte es an politischer Unterstützung, und er mußte abdanken. Für zehn Monate übernahm Habibullah Kalakani, der Batscha-ye Saqao („Sohn des Wasserträgers") genannt wurde, die Macht, und er steuerte gegen die Modernisierung des Landes.[3] Weil dessen Akzeptanz in der Bevölkerung offensichtlich gering war, wechselten erneut viele religiöse Vertreter die Fronten. Sie unterstützten dann Nadir Shah, indem sie diesen als König religiös legitimierten. Nadir Shah regierte Afghanistan von 1929 bis 1933.

An Amanullahs Sturz läßt sich außerdem erkennen, daß islamische Konzeptionen - und nicht nur die Frage religiöser Legitimität - tauglich sind, von ausländischen Kräften benutzt zu werden. Amanullah selbst verdächtigte die Mudjaddidi-Familie, von den Briten für ihre *fatwa*-Initiative angeheuert worden zu sein. Hintergrund hierfür bildete offensichtlich die Tatsache, daß er den ehemaligen Kolonialherren in Afghanistan zu nationalbewußt geworden war. Einige historische Quellen sind überzeugt, daß die Briten religiöse Vertreter als Strohmänner zum Sturz Amanullahs nutzten. Um es vorsichtig zu formulieren: Wenn dem so wäre, hätten die Briten die

---

[3] Vgl. Roy (1986: 67)

Disqualifizierung aus islamischer Sicht für ihre eigenen Interessen funktionalisiert.

2. Träger staatlicher Macht und die islamische Gesetzgebung

Träger staatlicher Macht müssen demnach bemüht sein, einer Disqualifizierung als Ungläubige oder nicht gute Muslime vorzubeugen, da eine solche in Afghanistan ein einzukalkulierendes Risiko darstellt. Politische Machthaber versuchen deshalb, ihren Ruf als gute Muslime zu etablieren, indem sie ihren Willen bekunden, den Staat in Übereinstimmung mit der islamischen Gesetzgebung (*shari'a*) zu regieren. Der Islam hat seinen äußeren Rahmen in der *shari'a*, die sich auf Koran, *ahadith* („überlieferte Aussprüche des Propheten") und *sunna* („normative Lebensweise des Propheten") stützt. Die *shari'a* steckt die Grenzen der muslimischen Gemeinschaft unter Verwendung des Begriffs der Ungläubigen (*kafirun*) ab, der diejenigen ausschließt, die keine Muslime sind oder zu Nicht-Muslimen erklärt worden sind, da sie sich aus dem Rahmen der *shari'a* herausbewegt haben.

In der *shari'a* verankerte islamische Konzepte lassen jedoch unterschiedliche Interpretationen ihrer Bedeutung zu. Sie können mehrdeutig sein. Insofern hängt die Auslegung der *shari'a* zunächst einmal von den Religionsgelehrten ab. Auf einer zweiten Ebene hängt sie jedoch entweder von den Machthabern oder von ihren Gegnern ab, in deren Gunst die jeweiligen Religionsgelehrten stehen. Insofern ist es möglich, daß sich unterschiedliche

politische Meinungen als religiös legitimiert gegenüberstehen.[4] Problema-
tisch ist dies insbesondere deshalb, weil Afghanistan - im Gegensatz zu anderen islamischen Ländern, wie beispielsweise zu Ägypten mit der Azhar-
Universität in Kairo - über keine zentrale religiöse Instanz verfügt, die in
Fragen religiöser Legitimität oder Auslegung der islamischen Gesetzgebung
verbindliche Urteile fällen könnte. Daraus folgt, daß Fragen der religiösen
Legitimität und der Interpretation der *shari'a* in einem luftleeren Raum
schweben können.

Die jüngsten Friedensverhandlungen in Islamabad im April 1998 zeigen, wie aktuell das Thema ist: Vertreter der *taliban*-Fraktion erklärten, daß
nur islamische Rechtsgelehrte (*ulema-ye fiqh*) über die Zukunft Afghanistans
entscheiden dürften, weil nur sie dazu aufgrund ihrer islamischen Ausbildung legitimiert seien. Die Gegenseite erklärte sich auf dieser rhetorischen
Ebene durchaus einverstanden, jedoch sollten grundsätzlich religiöse Gelehrte (*ulema*) zugelassen sein. Schließlich einigten sich die Konfliktparteien
darauf, daß jeder seine eigenen 20 Vertreter entsenden dürfe, ohne daß die
eine Partei den jeweils von der anderen Seite entsandten Personen die religiöse Legitimität in Abrede stellen dürfe. Abgesehen davon, daß die *shari'a*
als Grundlage des Staates nicht in Frage gestellt wurde, wird zum einen
deutlich, daß auf beiden Seiten ausschließlich religiöse Vertreter - zuminde-
stens auf der politischen Bühne - das Sagen haben sollen. Dies ist ein Phä-

---

[4] Christensen: „The concepts of Islam have always been sufficiently ambiguous to allow
different interpretations of their meaning and thus to allow mutually divergent political
views to be seen as religiously legitimate by their exponents and followers. The result is
that attempts to mobilise people for political action through religiously legitimate appeals, or to convince them of the correctness of certain kinds of conduct, invariably take
place in a context which contains divergent or even alternative appeals, that are likewise
held to be derived from Islam." (1988: 5)

nomen, das in der afghanischen Geschichte neu ist. Auf der anderen Seite sollte dem gerade skizzierten Mechanismus des gegenseitigen Absprechens der religiösen Legitimität Vorschub geleistet werden. Allerdings erfolgte bei diesem Schritt der Konfliktparteien die grundlegende Einschränkung, daß politische Führer, die keine religiösen Vertreter sind, keine Rolle spielen dürfen.

3. *Djihad* - „Anstrengung auf dem Weg Gottes"

Es wurde bereits deutlich, daß eine *fatwa* in Fragen religiöser Legitimität Recht sprechen kann. Des weiteren kann eine *fatwa* einen *djihad* rechtfertigen. *Djihad*, in den Populärmedien gerne als „Heiliger Krieg" übersetzt, bedeutet zunächst einmal ganz allgemein „Anstrengung auf dem Weg Gottes" (Lewis 1991: 124f.). Aus islamischer Sicht ist zwischen dem großen *djihad* gegen die eigene Triebseele (*nafs*) und dem kleinen *djihad*, den Krieg, den Muslime gegen äußere Feinde des Islam führen, zu differenzieren.[5] Im hier beschriebenen Kontext ist also der kleine *djihad* im militärischen Sinn gemeint. Dieser Kampf gegen sogenannte Ungläubige ist eine religiöse Pflicht, deren Wahrnehmung als segensreich angesehen wird. Stirbt der Kämpfer für den Islam (*ghazi*), wird er zum Märtyrer (*shahid*).

Insbesondere in Krisensituationen, wie dem Vorrücken der Kolonialmächte oder - auf innenpolitischer Ebene - den Rebellionen gegen soziale, religiöse oder ethnische Ungerechtigkeiten eines Herrschers, rückt die Konzeption des *djihad*, des Kampfes gegen die Feinde des Islams, in den Mittelpunkt. Sobald zwischen verschiedenen Gruppen Einigkeit darüber besteht,

---

[5] Zu theoretischen Konzepten des *djihad* vgl. R. Peters (1979).

daß eine Situation den *djihad* erfordert, vermag er vorübergehende Loyalitäten und Koalitionen zu schaffen, die sich auflösen, sobald der gemeinsame Widersacher nicht mehr vorhanden ist oder eine Gruppe mit dem ursprünglich gemeinsamen Feind koaliert. Ein solches neues Bündnis muß wiederum mit einer islamischen Konzeption begründet werden, wenn die entsprechende Gruppe für ihre Anhänger glaubhaft zu sein bzw. zu bleiben begehrt.[6]

Djihad ist aber ebenfalls eine Konzeption, die bewußt von ausländischen, auch nicht-muslimischen Mächten mittels afghanischer Gefolgsleute zur Durchsetzung ihrer eigenen Ziele unterstützt und gefördert werden kann. Der Ost-West-Konflikt mit seinem Stellvertreterkrieg der 80er Jahre in Afghanistan führte dies deutlich vor Augen: Der Westen unterstützte den *djihad* mit Waffen, Geld und Logistik im Kampf gegen die kommunistische Ideologie und die sowjetische Besatzung. Daß die Motivation für die Unterstützung weniger im Mitleid mit dem zunächst schlecht bewaffneten Widerstand als in der Angst vor der weiteren Ausweitung des sowjet-kommunistischen Einflußbereichs lag, ist wohl unumstritten.

4. Der Widerstand von 1978/79 bis 1992

Das *djihad*-Konzept bestimmte die Zeit der anglo-afghanischen Kriege im 19. und beginnenden 20. Jahrhundert. Mit der kommunistischen Machtübernahme 1978/79 trat es erneut in den Mittelpunkt des politischen Geschehens des Landes. *Djihad* wurde zu einem Schlagwort und politischen Kampfbegriff. Motoren der Widerstandsgruppierungen verwiesen immer wieder auf

---

[6] Der *djihad* kann auch zwischen konfessionellen Unterschieden, wie denen zwischen Sunniten und Schiiten, eine Brücke bauen, deren Stabilität jedoch meistens von begrenzter Dauer ist.

das Erbe Afghanistans, zu dem die erfolgreiche Gegenwehr gegen die ungläubigen britischen Kolonisatoren zählt.[7] Der *djihad* gegen die Ungläubigen, als da waren DVPA-Regierung, afghanische Regierungstruppen und sowjetische Besatzer, legitimierte den Widerstand und seine Anführer. Im Mittelpunkt der Identität des Widerstands standen die mit dem *djihad* verknüpften Konzepte des *mudjahid* - des Kämpfers für den *djihad* - , des *muhadjir*, also desjenigen, der wie der Prophet die *hidjra*, die Auswanderung aus dem Land des Unglaubens vollzieht - gemeint sind die Flüchtlinge, die Afghanistan verlassen - und des *shahid*, desjenigen, der im Kampf für den Glauben stirbt.[8] Interessant ist nun für die Frage der islamischen Konzepte und der mit ihnen verbundenen Rhetorik, daß kein übergreifendes Verständnis davon existierte, was das Wesen von *mudjahedin* ausmacht. Zunächst könnte der unmittelbaren Wortbedeutung nach von einem Kämpfer für die Sache des Islam gesprochen werden. Im politischen Sinne wäre der Begriff des Freiheitskämpfers - Kämpfer gegen die Besatzungsmacht UdSSR - zu verwenden, wodurch ein ursprünglich religiöser Begriff interpretierend säkularisiert würde. Aus der Sicht afghanischer Regierungsanhänger in der Zeit bis 1992 und den Sowjets waren *mudjahedin* - wie schon die *Basmachis* in den 20er Jahren - nichts anderes als Banditen. Festzuhalten ist, daß der Begriff *mudjahid* ein Phänomen bezeichnet, das weit mehr als seinen ursprünglichen religiösen Entwurf beinhaltet.

---

[7] Rubin: „Elders recalled fathers' and grandfathers' tales of the Anglo-Afghan wars. Women listened to tapes praising the role of women in jihad. Imams mobilized their concregations, pirs their murid, ulama and schoolteachers their students, army officers their conscripts, mullahs and khans their tribes, and women their husbands and sons." (1995: 186)

[8] Naby: „Being able to fit death into the pattern of Islamic life contributes towards the success and continuation of the resistance." (1988: 803)

Alle *mudjahedin*-Gruppierungen legitimierten sich Anfang der 80er Jahre glaubhaft als diejenigen, die gemeinsam gegen afghanische und sowjetische „Ungläubige" kämpften. Jedoch stellten sich sehr bald Interessenskonflikte und damit der Kampf um Macht zwischen ihnen ein: Jede einzelne Gruppe erstrebte zum einen den Einfluß über bestimmte Gebiete und zum anderen die Unterstützung des Westens. Auch innerhalb derselben Fraktionen entstanden unterschiedliche Interessen. Bündnisse wechselten und wurden jedesmal neu über die Disqualifizierung des jeweils anderen mit einer islamischen Konzeption begründet.

Nach dem Abzug der sowjetischen Truppen 1989 und endgültig nach der Aufgabe Nadjibullahs 1992 fiel der ursprüngliche gemeinsame Feind, der den *djihad* rechtfertigte, weg. Immanent in der Konzeption des *djihad* gedacht, hätten sich spätestens zu diesem Zeitpunkt die Fraktionen eigentlich nicht mehr als Kämpfer für den *djihad*, als *mudjahedin*, bezeichnen dürfen. Einige von ihnen koalierten nun mit den ursprünglichen Gegnern, die auf Seiten der Sowjetunion gekämpft hatten. Ehemalige Widerstandsgruppierungen bezeichneten sich jetzt - wenn sie dies nicht bereits getan hatten - gegenseitig als Ungläubige, versuchten also, über den Entzug der religiösen Legitimierung die jeweils anderen in den Augen der Bevölkerung zu disqualifizieren.

Für islamistische Gruppierungen hatte der *djihad* bereits mit dem Putsch von Muhammad Daoud im Jahr 1973 seinen Anfang genommen, da die Aktivitäten der islamistischen Bewegungen in Afghanistan beschränkt worden waren; sie mußten sich zumeist im pakistanischen Exil organisieren.[9] Aus den Publikationen islamistischer Gruppen geht hervor, daß für sie der *djihad* nicht nur ein Kampf gegen Feinde der Religion und gegen Kolonisatoren, sondern auch ein Schritt zur Etablierung einer islamischen sozialpolitischen Ordnung ihrer Prägung in Afghanistan war.[10] Sie wollten nicht an die Zeit vor der kommunistischen Machtübernahme anknüpfen, da sie das Versagen der ihr vorausgegangenen Regierungen für die Geschehnisse und die Erniedrigung des islamischen Afghanistan nach 1978/79 verantwortlich machten.

Aus den Publikationen der islamistischen Gruppierungen geht jedoch nicht hervor, daß sie die Ideen der Vordenker für den afghanischen Kontext weiterentwickelt hätten. Es werden vielmehr Originalschriften, von Qutb oder Maududi etwa, neu aufgelegt, ohne daß ihre Relevanz und ihre Bedeutung für die spezifischen historischen, politischen, religiösen und sozialen Umstände Afghanistans geprüft würden. Ansonsten finden sich in den Druckwerken islamistischer Organisationen neben programmatischen Schriften, der Veröffentlichung von Reden und historisch-theologischen Abhand-

---

[9] Der Begriff Islamisten/Islamismus als Übersetzung des arabischen Terminus *islamiyun* ist dem des Fundamentalisten/Fundamentalismus vorzuziehen, da Fundamentalismus ursprünglich im Kontext des amerikanischen Protestantismus um die Jahrhundertwende geprägt wurde, er demnach aus einem vollkommen anderen Bezugsrahmen stammt. Ihre Vorbilder haben afghanische Islamisten in den ägyptischen Muslimbrüdern (arab. *ikhwan al-muslimin*) mit ihrem Vordenker Sayyid Qutb (1906-1966) und Abu l-'Ala' ad-Din Maududi (1903-1979), dem Gründer und Führer der indo-pakistanischen *djami'at-e islami*, dem Wahhabismus der arabischen Halbinsel, der auf Muhammad Ibn 'Abd al-Wahhab (1703-1792) zurückgeht, und in der Schule der indischen *Deobandis*. Sie beziehen sich also ausschließlich auf nicht-afghanische, auf importierte religiös-politische Modelle, die sich voneinander in ihrer religiös-politischen Dogmatik unterscheiden.

[10] Sammlungen der sogenannten grauen Literatur Afghanistans, das heißt der Veröffentlichungen der Widerstandsgruppierungen seit dem Jahr 1978, sind von Jan-Heeren Grevemeyer angelegt worden. Sie befinden sich im Besitz des Orient-Instituts in Hamburg, des Seminars für Iranistik der Freien Universität Berlin, der Bibliotheca Afghanica im Schweizerischen Liestal und der Mediothek für Afghanistan in Linz am Rhein.

lungen - genauso wie in denen der anderen Gruppierungen des Widerstands
- hauptsächlich Polemiken gegen das DVPA-Regime und gegen jeweils andere Widerstandsgruppen. Daraus läßt sich die These ableiten, daß die unterschiedlichen islamistischen Auffassungen und Konzeptionen eine Angelegenheit von den wenigen Chefideologen der Gruppierungen blieben, mit
dem Werdegang der Führer dieser Organisationen zusammenhingen und ihnen die Rückendeckung bestimmter Staaten sicherte, aus denen diese Ideo-
logien ursprünglich stammten.

Für moderat-islamische bzw. traditionell-islamische Widerstandsgruppierungen hingegen bestand die Motivation zum *djihad* in der Verteidigung
der Unabhängigkeit der afghanischen Nation, als Reaktion auf den April-
Putsch und die sowjetische Invasion. Sie wollten vor allem den *Status quo
ante* wiederherstellen. National-demokratische Gruppierungen, die gegen die
Besatzung und Fremdeinmischung Widerstand leisteten, betrachten die Religion in erster Linie als Privatangelegenheit. Sie stehen in der Tradition der
Bewegung für den Konstitutionalismus (*maschrutiyat*), die seit Amanullahs
Zeit in Afghanistan Fuß faßte. Von Gegnern sowohl auf Seiten des Kabuler
Regimes als auf Seiten des islamischen Widerstands wurden sie deshalb
immer wieder als Ungläubige und anti-islamisch disqualifiziert, obwohl sie
sich explizit lediglich anti-islamistisch äußerten.

5. Das Kabuler Regime von 1978/79 bis 1992

Die formelle Gründung des Staats Afghanistan im 18. Jahrhundert und seine
historische Entwicklung bis heute lassen erkennen, daß das einzige gemeinsame Identitätsmoment des Landes in der Zugehörigkeit der Menschen zum
Islam bestand. Insofern ist einleuchtend, warum die mangelnde religiöse Le-

73

gitimierung die größte Herausforderung für das Kabuler Regime darstellte. Nicht nur der Widerstand baute mit dem *djihad* auf dem Fundament des Islams auf, sondern auch das kommunistische Regime bediente sich islamischer Rhetorik.[11] Auf den ersten Blick scheint dies absurd, aber der Kontext der politisch-religiösen Geschichte des Landes machte diese Strategie unabdingbar: Der Kommunismus war eine fremde - und zudem anti-religiöse - Ideologie im afghanischen Kontext und verfügte über keinerlei Wurzeln im Land. Ihn galt es zu integrieren. Ein solcher Integrationsprozeß setzte die Einbeziehung der gemeinsamen Identitätsbasis der Afghanen, das Bekenntnis zum Islam, voraus.

Das Regime suchte die Widersprüche zu überbrücken, indem es für eine kommunistische Weltanschauung stand und gleichzeitig in Richtung der Religion positive Signale sendete. Auf verschiedene Weise bemühte es sich, seine Toleranz gegenüber dem Islam zu zeigen. Besonders Nadjibullah berief sich in seinen Ansprachen immer wieder auf den Islam und demonstrierte durch sein Verhalten, beispielsweise durch die Teilnahme am gemeinschaftlichen Gebet, seine Identität als Muslim.[12] In Artikel 5 der unter der DVPA eingesetzten Verfassung der Demokratischen Republik Afghanistan waren der Respekt sowie die Beachtung und Bewahrung des Islam als eine heilige Religion zugesichert.[13] Kategorisch gedacht verschließt sich diese Verknüpfung von Kommunismus und Religion. Dennoch: Selbst für viele

---

[11] Shahrani: „Even the government began to call its defense of „the gains of the revolution" a jihad against so-called imperialist lackeys." (1984: 42)
[12] Rubin: „Najibullah was most effective not when he merely spoke respectfully of Islam but when he spoke Islamically of everything. His speeches to elders, tribesmen, and ulama, broadcast over Kabul Radio, did not just begin with Qur'anic invocations; they referred continually to Qur'an, hadith, the practice of the early caliphate, and Afghan folk traditions." (1995: 165)

der Afghanen mit DVPA-Parteibuch blieb die Identität als Muslime zentral und unantastbar. Es wäre demnach falsch, Anhänger des Kabuler Regimes von 1978 bis 1992 schwarz-weiß-malerisch als - um es in islamischer Konzeption auszudrücken - „Ungläubige" zu bezeichnen. Das schloß aber nicht aus, daß religiöse Vertreter, die sich dem Regime nicht beugen wollten, brutale Repressalien erfuhren. Denn sie konnten dem Regime außerordentlich bedrohlich werden, weil sie das Monopol auf die religiöse Legitimierung der Herrscher besaßen und sie die einzige gemeinsame Identitätsbasis des Staats Afghanistan personifizierten. Herausragendes Beispiel brutaler Unterdrückung war im Januar 1979 die Hinrichtung von über 70 männlichen Mitgliedern der Mudjaddidi-Familie, unter ihnen mit Muhammad Ibrahim der amtierende Hazrat-e Shur Bazar. Ein halbes Jahr zuvor waren sie bereits von Anhängern des kommunistischen Regimes verhaftet worden.[14]

Insgesamt jedoch erschien angesichts des politischen Handelns die rhetorische Einbeziehung islamischer Wertvorstellungen seitens des Kabuler Regimes wenig glaubwürdig. Diese Strategie konnte daher nur wenig Erfolg verbuchen.[15] Zudem griff das Regime den oberflächlichen Zugeständnissen an den Islam zum Trotz auf eine bekannte Strategie zurück: Es ging zum Gegenangriff über und diffamierte die *mudjahedin* als nicht gute Muslime. Pir Sayyed Gailani beispielsweise wurde als Feudalherr, Kapitalist und Verbündeter des britischen Kolonialismus, Sibghatullah Mudjaddidi als Feudaler

---

[13] Vgl. Moltmann (1982: 170)
[14] Vgl. Wieland-Karimi (1998: 125ff.)
[15] Lobato: „Cependant les réformes entreprisent par Kaboul consistent à desislamiser la société en profondeur tout en rendant un hommage purement formel à l'islam." (1988: 87)

und als Reaktionär bezeichnet. Vertreter des Regimes beschimpften islamistische Gruppierungen u.a. als „teuflische Bruderschaft" (*ikhwan aschayatin*).[16]

6. Die *taliban*-Fraktion und die nördliche Anti-*taliban*-Koalition

Mit dem Auftauchen der *taliban* im Herbst 1994 suchte abermals eine Gruppierung, ihre Position zu festigen, indem sie sich als die eigentlichen Verfechterin eines „wahrhaft islamischen Afghanistans" präsentierte. Als neue Kraft gelang ihr dies partiell zunächst auch. Nun lehrt die Geschichte Afghanistans, daß es im Kampf um die Zentralregierung zwischen zwei Aspiranten ein beliebtes Mittel ist, den Gegner als Ungläubigen (*kafir*) zu denunzieren. So auch im heutigen Afghanistan: In der Auseinandersetzung mit den Gegnern verunglimpfen sich die beiden Allianzen (*taliban*-Fraktion und nördliche Anti-*taliban*-Koalition) gegenseitig als Ungläubige. Auf der rhetorischen Ebene fordern eins dagegen beide gemeinsam: einen islamischen Staat auf der Grundlage der islamischen Gesetzgebung. Aber wie die *shari'a* in Zukunft zu interpretieren und in die Tat umzusetzen ist, bleibt eine ungeklärte Frage.

Hier wird die These vertreten, daß der Islam einerseits seit 1978/79 an übergreifender identitätsspendender Kraft verloren hat. Ursache ist, daß die unterschiedlichen am Konflikt beteiligten Gruppierungen das eigene Handeln durch den Islam in zunehmend fragwürdiger Weise zu legitimieren versuchten. Er wurde so für antagonistische Interessen funktionalisiert. Andererseits hat er in der individuellen Religiosität sicherlich an Bedeutung

---

[16] Vgl. Edwards (1987: 50)

gewonnen, denn der Glaube kann - wie Religionswissenschaftler zeigen - aufgrund der psychologischen Stärkungsfunktion von Religion in Krisensituationen an Bedeutung gewinnen.[17]

Hinzuzufügen ist, daß der in Afghanistan praktizierte Islam in den Augen der islamischen Welt in Mißkredit geriet. Nachdem der Widerstand Anfang der 80er Jahre als Angelegenheit der islamischen Gemeinschaft (*umma*) begriffen und aus vielen islamischen Ländern materielle, personelle und logistische Hilfe für den *djihad* geleistet worden war, ließ zunächst die Korrumpierbarkeit von Führern und weiteren Nutznießer des Widerstandes deren religiöse Motivation unglaubhaft werden. Ferner wird die Brutalität arabischer *mudjahedin*, die den Kampf der afghanischen Glaubensbrüder ab Mitte der 80er Jahre unterstützten, seit deren Rückkehr in den Heimatländern gefürchtet. Schließlich haben seit 1992 die Fraktionen des Bürgerkrieges den Islam diskreditiert, da sie sich alle durch ihn legitimieren, es letztendlich bei dem internen Teil des Konflikts aber ausschließlich um Macht und nicht etwa den Schutz der islamischen Identität des Landes geht.

Zitierte Literatur

CANFIELD, Robert/ SHAHRANI, Nazif M. (Hrsg.) (1984): *Revolutions and Rebellions in Afghanistan*. Berkeley

CHRISTENSEN, Asger (1988): When Muslim Identity has Different Meanings: Religion and Politics in Contemporary Afghanistan. In: Bo HULDT/Erland JANSSON (Hrsg.): *The Tragedy of Afghanistan: The Social, Cultural and Political Impact of the Soviet Invasion*. London, New York: 3-19

---

[17] Vgl. Vivelo (1981: 256ff.)

EDWARDS, David Busby (1987): *The Political Lives of Afghan Saints: The Case of the Kabul Hazrats* (Unveröffentlichtes Manuskript eines Vortrages bei der Konferenz „Saints and Sainthood in Islam", 3.-6.4.1987 in Berkeley)

GILSENAN, Michael (1982): *Recognizing Islam*. London

LEWIS, Bernhard (1991): *Die politische Sprache des Islam*. Berlin

MOLTMANN, Gerhard (1982): Die Verfassungsentwicklung Afghanistans 1901-1981. In: *Mitteilungen des Deutschen Orient-Instituts*. Nr. 18. Hamburg: 7-28

LOBATO, Chantal (1988): Kaboul 1980-1986: Un islam officiel pour légitimer le pouvoir communiste. In: *Central Asian Survey* 7 (2-3): 83-86.

NABY, Eden (1988): Islam within the Afghan Resistance. In: *Third World Quarterly* 10 (2): 787-805

OLESEN, Asta (1995): *Islam and Politics in Afghanistan*. Richmond (Nordic Institute of Asian Studies. Monograph Series Nr. 67)

PETERS, Rudolph (1979): *Islam and Colonialism. The Doctrine of Jihad in Modern History*. The Hague

ROY, Olivier (1986): *Islam and Resistance in Afghanistan*. Cambridge, New York

RUBIN, Barnett R. (1995): *The Fragmentation of Afghanistan. State Formation and Collapse in the International System*. New Haven, London

SHAHRANI, Nazif M. (1984): Introduction: Marxist „Revolution" and Islamic Resistance in Afghanistan. In: Robert CANFIELD/Nazif M. SHAHRANI (Hrsg.): *Revolutions and Rebellions in Afghanistan*. Berkeley: 2-57

VIVELO, Frank Robert (1981): *Handbuch der Kulturanthropologie*. Stuttgart

WIELAND-KARIMI, Almut (1998): *Islamische Mystik in Afghanistan. Die strukturelle Einbindung der Sufik in die Gesellschaft*. Stuttgart (Beiträge zur Südasienforschung. Südasien-Institut der Universität Heidelberg Bd. 182)

Psychosozialer Hintergrund des Kriegs
in Afghanistan

Azam Dadfar

1. Einleitung

Wir Afghaninnen und Afghanen zuhause und im Exil fragen uns in letzter Zeit immer öfter, warum können wir uns nicht ertragen, warum können wir uns nicht einigen, warum gibt es soviel Haß und schon solange Krieg in unserem Land? Was für ein Volk sind wir? Sind wir überhaupt ein Volk? Dies sind beängstigende Fragen, die wir am liebsten verdrängen, um seelisch überleben zu können.

Ich beginne diesen Artikel mit einer orientalischen Weisheit:

„Willst du das Land in Ordnung bringen, mußt du erst die Städte in Ordnung bringen. Willst du die Städte in Ordnung bringen, mußt du die Familien in Ordnung bringen. Willst du die Familien in Ordnung bringen, mußt du die eigene Familie in Ordnung bringen. Willst du die eigene Familie in Ordnung bringen, mußt du erst dich selbst in Ordnung bringen."

Ergänzt sei dieser Gedanke um ein Zitat aus Platos *res publica*:

„Da die Staaten sich aus Menschen zusammensetzen, müssen sie aus menschlichen Charakteren erwachsen." (Kreisman/Straus 1992: 95)

Unter Bezugnahme auf existierende Forschungen und Studien, die von Historikern, Ethnologen und Soziologen in Afghanistan durchgeführt wurden, kann die afghanische Gesellschaft als ein Mosaik aus einer Vielzahl an ethnischen Gruppen, Stämmen und erweiterten Familien beschrieben werden. Snoy (1986: 123) erwähnt etwa, daß für Afghanistan in einer sowjetischen Quelle über 200 verschiedene Ethnonyme erwähnt werden.

Auch ist zu berücksichtigen, daß die afghanische Bevölkerung sehr stark ländlich geprägt ist: So verteilt sich die Bevölkerung auf 18.000 Dörfer, während nicht einmal 10% der Gesamtbevölkerung in Städten lebt (Hyman 1984: 13). Das Dorf wird von der ländlichen Bevölkerung als ein nahezu geschlossener Kosmos verstanden. Die sozialen Beziehungen zwischen verschiedenen Gruppen (*qawm*) entsprechen Netzwerken. Die Landbevölkerung ist aufgrund des Mangels an Informationen und Kommunikation, des Fehlens eines öffentlichen Systems, der bäuerliche Kulturweise, Intrafamilienheiraten, der räumlichen Segregation durch Sprache und ethnische Herkunft, gegenseitiges Mißtrauen usw. in sich stark segmentiert und entspricht einer „inward-looking society" (Dupree 1980: 248f.). Visueller Ausdruck dieser starken Isolierung sind die hohen Lehmmauern, die Häuser und Dörfer voneinander trennen. Über diese Segmentierung konnten die Einwohner Afghanistans ihre kulturelle und zum Teil auch politische Autonomie in ihrem dörflichem Milieu behaupten.

Der Staat war unfähig, eine gemeinsame kulturelle Identität aller Einwohner Afghanistans zu schaffen. Im Gegenteil: Die Attitüden des Staats verstärkten noch - bewußt oder unbewußt - die Isolation der Vielzahl an Gemeinschaften. Die Autonomie der bäuerlichen und nomadischen Kollektive wurde daher *de facto* durch den Staat kaum angetastet (Grevemeyer 1996 III: 64). Die einzelnen afghanischen Gruppen selbst übten *vice versa* keinen Einfluß auf die staatliche Politik aus und blieben für sich isoliert.

Doch soll hier nicht die Entstehungsgeschichte Afghanistans oder die Herkunft der Stämme und Ethnien mit ihren unterschiedlichen kulturellen Entwicklungen diskutiert werden; auch soll nicht auf die Disintegrationen, die Bruderkriege, die ethnischen Diskriminierungen und die sozio-psychologischen Folgen despotischer Herrschaft in unserem Land eingegangen werden. Vielmehr ist das Anliegen dieses Artikels, über traditionelle Gemeinsamkeiten sowie ähnliche psychische Entwicklungen und Erfahrungen zu sprechen, die für eine Gesellschaft wie der afghanischen charakteristisch sind. Nur so ist es möglich herauszufinden, ob der anhaltende Krieg in Afghanistan die Reaktivierung der Emotionen und Affekte darstellt, die die Afghanen bis heute verdrängt oder verleugnet haben. Es stellt sich die elementar wichtige Frage, ob der Stellvertreterkrieg zwischen den Weltmächten Sowjetunion und USA auf dem Boden eines schon in sich fragmentierten Volks stattfand oder ob die These stimmt, daß das afghanische Volk eine Einheit bildete, die von außen zerstört wurde.

2. Psychosoziale Situation vor 1978

Vor dem April 1978 gab es weniger als 20 Psychiater in Afghanistan, die akute psychiatrische Problemfälle des ganzen Landes betreuten. Am Universitätskrankenhaus Kabul gab es die einzige psychiatrische Abteilung mit ca. 40 Betten.

Die Landbevölkerung litt nicht unter psychischen Erscheinungsbildern wie sie in Industrieländern verbreitet sind. Soziale Harmonie - begründet auf der hierarchischen Gliederung der Ethnien, Stämme und Dörfer -, die Moschee als gesellschaftlicher Treffpunkt und das Familienleben als Hort der

Zuwendung boten jedem Afghanen innere Ruhe. Die Menschen fühlten sich voll in ihre Gemeinschaft integriert und sahen ihre eigene Existenz kollektiv gesichert.

Aufgrund tradierter Sitten, allgemein gültiger gesellschaftlicher Kodexe und dem Glauben an Blutsverwandschaft verfügten die Mitglieder der verschiedenen Gruppen generell über ein stark ausgeprägtes „Wir-Gefühl". Die Persönlichkeitsentwicklung der Afghanen vollzog sich im Rahmen der herrschenden Sozialkodexe, moralischen Werte und traditionellen Bräuche der entsprechenden Gruppen; sie richteten sich also an gemeinsamen Sitten, Spielen, Helden, Rivalen, Glauben etc. aus. Jedes Kind war nach der Geburt ein untrennbares Mitglied seiner Gruppe. Die Kinder wurden in einer großen Familie erzogen; den Jungen wurde aufgrund ihrer Rolle als Nachfolger des Vaters und Träger seines Namens besondere Aufmerksamkeit geschenkt. Die Mädchen wurden von der Mutter und Großmutter so erzogen, daß sie später einmal geduldige Ehefrauen und gute Mütter sein sollten. Bereits als Kind lernte jeder Afghane von seinen Eltern, welches die allgemeingültigen Werte und Erwartungen seiner Gemeinschaft sind, wie auch etwas über die Geschichte seines Stammes, Dorfes etc.: Etwa über die Tapferkeit seiner Vorfahren oder die „Bösen" außerhalb der Gruppe. Nach Übertragung einer kulturellen Orientierung paßte sich das heranwachsende Kind durch Verinnerlichung des allgemeingültigen Kodexes an die Erwartungen der Eltern und der Gruppe an.

Der Islam als gemeinsame Religion regelte die zwischenmenschlichen Beziehungen und die moralischen Vorstellungen der verschiedenen Gruppen. Das gemeinsame Beten in der Moschee verstärkte das Gemeinschaftsgefühl des Einzelnen in der Gruppe. Das soziale Verhalten sowie bestimmte

Werte (z.B. Gastfreundschaft, Respekt) wurden durch traditionelle Sitten und Bräuche bestimmt. Die soziale Zuordnung des Einzelnen ergab sich mitunter aus der Position in der genealogischen Hierarchie: z.b. dürfen Kinder im Kreis der Erwachsenen nur zuhören, sich jedoch nicht einmischen; auch müssen die Jüngeren die Älteren achten.

Die traditionellen Werte sowie die Religion garantierten die gesellschaftliche Position eines jeden Einzelnen in seiner Gruppe. Im Verlauf der Jugendzeit identifizierte sich der Einzelne mit der kulturellen Welt seiner Gruppe, mit vorgegebenen Moralvorstellungen und vorhandenen Sozialstrukturen. Der Mensch, der in seiner inneren Welt von seiner ethnischen Zugehörigkeit aufgrund vieler Gemeinsamkeiten überzeugt war, ordnete sein eigenes „Ich" und seinen sozialen Status dem „Wir-Gefühl" unter.

3. Individuum und Gruppe

Das Gemeinschaftsgefühl als wichtiges Element des Selbstbewußtseins und des Überlegenheitsgefühls bildet die wesentliche Erklärung dafür, weshalb sich ein Individuum, das einer Gruppe angehört, gegen andere Gruppen abgrenzt und diese entwertet. In einer konservativen und bäuerlichen Gesellschaft wie der Afghanistans konnte die spezifische Identität einer Gruppe nur aufrecht erhalten werden, wenn - unbewußt oder bewußt - die Energien der Gruppenmitglieder in solch einer Weise investiert wurden, daß eine psychische Verfestigung des *Status quo* eintrat. Das „Wir-Gefühl" des Mitglieds einer Gruppe wird auf diese Weise zu einem „Ich-Gefühl" idealisiert und internalisiert. Über diesen Prozeß werden auch aufgestaute und verdrängte Aggressionen auf eine Fremdgruppe projiziert (Le Vine/Campbell

1972: 137). Das Individuum empfindet es als psychische Entlastung, daß die Menschen in seiner Gruppe die Welt genauso sehen wie es selbst. Seine Einstellungen werden durch Stereotypen bestimmt, die aus der Gruppe erwachsen. Die unreflektierte emotionale Verbindung zu seiner Gruppe kann die intellektuelle Kreativität, die Kritikfähigkeit und das systematische Denken des Individuums einschränken. Die narzistischen Bedürfnisse des Individuums werden durch eine unbedingte Treue mit den „Guten" und durch eine ebenso unbedingte Ablehnung und Entwertung der „Bösen" befriedigt. Die auf die Fremdgruppen projizierten Aggressionen halten die gruppenspezifische Abgrenzung zwischen Gut und Böse, Haß und Liebe etc. aufrecht und sind letztendlich dafür verantwortlich, daß die Gefühlslage der Gruppenangehörigen stabil bleibt. Bei sozialen Konflikten oder destabilen äußeren Verhältnissen können diese aufgestauten und projizierten Aggressionen für kriegerische Auseinandersetzungen instrumentalisiert werden.

Von besonderer Wichtigkeit ist, daß sich seit dem frühen Kindesalter in der Psyche des Menschen zwei getrennte Stränge von nur guten und nur schlechten Konnotationen entwickeln, nach denen der Einzelne seine Umwelt unbewußt ordnet und bewertet (Kernberg 1997: 30). Dieses psycholgische Phänomen begünstigte die Fragmentierung der afghanischen Bevölkerung - häufig entlang ethnischer Grenzen - in viele Gruppen. Seit dem Kindesalter internalisiert jeder Afghane die Stereotypen und negativen Konnotationen, mit denen unabdingbar eine jede ethnische Fremdgruppe assoziiert wird. Diese Einstellungen und Vorurteile gegenüber anderen ethnischen Gruppen werden bis heute von einer Generation zur nächsten tradiert.

Die Fragmentierung der afghanischen Bevölkerung in eine Vielzahl von Gruppen und diese damit verbundene Angst vor der Überwindung gesellschaftlicher Grenzen ist bei den meisten Afghanen tief verwurzelt: Beispielsweise wählte jeder Student an der Kabuler Universität, an der Afghanen aus dem ganzen Land studierten, seinen Zimmerpartner selbstverständlich eher nach seiner Sprache und ethnischen Zugehörigkeit aus als nach seiner sozio-politischen Überzeugung. Auch die Afghanen im Exil richten ihr Privatleben, ihre Kommunikation, ihre Vereine, ihre gemeinsamen politischen Interessen usw. in erster Linie an ethnischen Zugehörigkeiten aus. In gleicher Weise unterstützen und idealisieren Afghanen die *taliban*, Dostum, Ahmad Schah Mas'ud oder die *hezb-e wahdat*, vor allem um das eigene ethnische „Wir-Gefühl" aufrecht zu erhalten.

Die eigentliche Ursache dieses Ethnozentrismus liegt im individuellen Bedürfnis begründet, das als unzulänglich empfundene eigene „Ich" durch eine Idealisierung der eigenen Gruppe zu überhöhen und alle anderen Gruppen als minderwertig zu betrachten. Dies ist ein normaler Abwehrmechanismus. Solange es keine Alternative gibt (z.B. ein übergreifendes Nationalgefühl oder gemeinsame politisch-ideologische Überzeugungen) werden solche ethnozentristischen Orientierungen als Schutzschilde gegen eine weitere soziale Disintegration aufrecht erhalten. Auch mein Leben in Afghanistan war vor allem durch meine usbekische Identität geprägt.

4. Psychosoziale Situation seit 1978

Die politischen und gesellschaftlichen Umwälzungen, die infolge der *Saur-*Revolution der Kommunisten (1978) sowie der sowjetischen Invasion (1979) eintraten, verletzten in traumatischer Weise das Selbstbewußtsein und das seelische Gleichgewicht des Gros der afghanischen Bevölkerung.

Als die neuen kommunistischen Machthaber ihre von außen übernommenen Regeln und Gesetze mit Gewalt im ganzen Land durchsetzen wollten und sich als neue Herrscher aufdrängten, wurde dies von der afghanischen Bevölkerung als Frontalangriff auf die indigenen Wertesysteme empfunden und löste Widerstand aus. An dieser Stelle wird die These vertreten, daß der Hauptantrieb des Widerstands weder patriotischer noch religiöser Art war, sondern sich im wesentlichen aus traditionellen, weitgehend ethnischen Mustern speiste. Dieser Widerstand war ein Kampf um die Existenz, um den Selbstschutz und um das Überleben ethnischer Gruppen. Er wurde mit einer unterschiedlichen Betonung ethnozentristischer Züge von verschiedenen Führer mobilisiert. Gleichzeitig existierten keine wirklich politischen Institutionen oder Organisationen, die den Widerstand als Ganzes verkörpern konnten.

Der Einmarsch sowjetischer Truppen nach Afghanistan im Dezember 1979 verschärfte diese angespannte Situation in dramatischer Weise. Die Demonstration von Macht durch die technische und militärische Überlegenheit der sowjetischen Truppen löste in der afghanischen Bevölkerung Alarmreaktionen aus, da die Identität und die Integrität der einzelnen Gruppen bedroht wurden. Der lang anhaltende Krieg zerstörte nicht nur die Lebensgrundlage der ländlichen Bevölkerung Afghanistans, sondern hatte auch radikale Umwälzungen in den afghanischen Gesellschaftsstrukturen zur Folge. Diese Veränderungen der sozialen, wirtschaftlichen und räumlichen Umwelt wirkten sich auf das individuelle „Wir-Gefühl" aus und äußerten sich bei nahezu jedem Afghanen in einer Vielzahl persönlicher Erfahrungen (Vertreibung, Verrat, Tod etc.), die sein Weltbild in seinen Fundamenten erschütterten. Die Reaktion auf diese tiefgreifenden Erlebnisse waren Angst, Frustration und Aggressionen.

Die afghanische Bevölkerung wurde mit sozialen Notfällen oder Konfliktsituationen konfrontiert, die bei den Betroffenen psychische Traumata auslösten. Die Afghanen erlebten bewußt den Verlust ihrer gesellschaftlichen Integrität wie auch der Möglichkeiten einer gruppenspezifischen Motivbefriedigung. Sie gerieten in extreme Streßsituationen, die seelische Leiden zur Folge hatten. Die Reaktion auf diesen Streß stellen Adaptationssyndrome dar. Das Auftreten der Kommunisten wirkte aufgrund ihrer Fremdheit als Schock, der bei der afghanischen Bevölkerung eine innere Resistenz auslöste.

Sofern sich die Fremdheit nicht von selbst auflöste, erstarkten im Individuum die Abwehrmechnismen, um die Gefahr, die das Fremde darstellte, zu beseitigen. In Extremsituationen gipfelten diese Abwehrmechanismen in einer gewaltsamen Bekämpfung von allem, das mit den Kommunisten oder der Sowjetunion assoziiert wurde. Deshalb war das Verhalten des Widerstands zunächst destruktiver Natur und diente der Aktivierung einer Selbstrepräsentanz: Was der Feind machte oder wollte, wurde dem Feindbild zugerechnet. Da die Kommunisten etwa zur gebildeten Intelligenzia des Landes zählten und sich besonders für die Schulbildung stark machten, setzten Widerstandskämpfer vielerorts die Schulen in Brand (sog.: *maktab rafte*) und diffamierten generell alle Schüler, die diese Schulen besuchten, als Kommunisten.

Im sozialen Notfall werden die in eigenen Kulturmustern enthaltenen Anteile entsprechend der Schablone „Gut" und „Böse" in besonders scharfer Form getrennt. Der „böse" Anteil wird auf die Gegner (z.B. Sowjetunion, DVPA, rivalisierende Widerstandsgruppen) projiziert. Dieser Gegner wird bekämpft. Die Spaltung stellt einen Hauptabwehrmechanismus im Krieg dar. Denn wenn jemand nur gut oder nur böse ist, dann sind die Verhältnisse klar. Der Afghanistankrieg ist daher schon längst zu einem Kampf von Allen gegen Alle geworden. Das innere Bild, das jeder Afghane von der Außenwelt besitzt, ist in der afghanischen Gesellschaft pathologisch geworden. Die Aggressionen beschränken sich nicht nur auf den Kampf, sondern deren affektive Seite ist in einen chronischen Haß umgeschlagen.

5. Krieg und Psyche

Die tiefgreifende Verletzung psychischer, ebenso wie die Zerstörung sozialer und politischer Strukturen ist zu einem guten Teil dafür verantwortlich, daß auch nach dem Abzug der sowjetischen Truppen (1989) und dem Zusammenbruch der kommunistischen Herrschaft in Afghanistan (1992) die Kriegshandlungen im Land unvermindert weitergehen. Nach außen werden diese gewaltsamen Konflikte von den Beteiligten selbst als Versuch legitimiert, die vorrevolutionären politischen und gesellschaftlichen Muster wiederherzustellen. Hinter solchen Begründungen verbergen sich jedoch bei fast allen Gruppen Haß, destruktive Aggression und Selbstmitleid. Das „Wir-Gefühl" der Menschen (v.a. der Männer), die in Afghanistan geblieben sind, konzentriert sich mehr denn je auf die eigene Gruppe, weshalb die Konkurrenten im Kampf um politische Macht und wirtschaftliche Ressourcen zu Bösen, zu Ungläubigen, zu Knechten eines antagonistischen feindlichen Fremden stigmatisiert werden.

Diese tiefe, psychisch konstellierte Feindseligkeit verbietet jeden Kompromiß und verhindert alle Versuche zur Konfliktschlichtung und Vertrauensbildung. Denn eine Einigung mit denjenigen, die das Böse verkörpern, würde sofort als Existenzbedrohung der Gruppe und damit als tödliche Gefahr für das Selbstwertgefühl sowie das von der Gruppe gesicherte seelische Gleichgewicht eines jeden Mitglieds der Gemeinschaft empfunden. Auch die anachronistische Unterdrückung der Frauen ist eine direkte Folge der kriegsbedingten Verunsicherung der afghanischen Männer.

Solange diese Verunsicherung anhält, solange kein Prozeß der Selbstbesinnung in Gang kommt - und dafür gibt es keine Anzeichen -, wird der Krieg als Aggressionsventil eine traurige Konstante in Afghanistan bleiben. Wir, die Afghanen, müssen endlich unsere Vorurteile und Feindbilder als Produkte unserer eigenen psychischen Verletzungen und gesellschaftlichen Disintegrationen erkennen und versuchen diese aufzulösen, um nicht unter Verleugnung psychischer Realitäten endlos um die Macht zu kämpfen. Nur dann ist es möglich, den Krieg zu überwinden und wieder in Frieden zueinander zu finden: Denn wenn wir unser Land im Ordnung bringen wollen, müssen wir erst uns selbst in Ordnung bringen. Weil die Staaten wie die Menschen sind und aus menschlichen Charakteren erwachsen.

Zitierte Literatur

DUPREE, Louis (1980): *Afghanistan.* Princeton

GREVEMEYER, Jan-Heeren (1988): *Geschichte Afghanistan. Kurseinheit 3: Kolonialismus - Anarchie - Absolutismus: Afghanistan 1823-1919.* Hagen

HYMAN, Anthony (1984): *Afghanistan under Soviet Domination 1964-83.* London

KERNBERG, Otto F. (1997): *Wut und Haß.* Stuttgart

KREISMAN, Jerold J./STRAUS, Hal (1992): *Ich hasse dich - verlaß' mich nicht. Die schwarzweiße Welt der Borderline Persönlichkeit.* München

LE VINE, Robert Alan/CAMPBELL, Donald C. (1972): *Ethnocentrism: Theory of Conflict, Ethnic Attitudes and Group Behavior.* New York

SNOY, Peter (1986): Die ethnischen Gruppen. In: Paul BUCHERER-DIETSCHI/Christoph JENTSCH (Hrsg.): *Afghanistan. Ländermonographie.* Liestal: 121-152

Ethnizität als Ressource der Kriegführung

Conrad J. Schetter

1. Einleitung

In Afghanistan stellt Ethnizität ein Phänomen dar, das erst im Laufe dieses Jahrhunderts gerade in Korrespondenz zur Genese afghanischer Nationalideologien entstand. Während des Afghanistankriegs (seit 1979) gewannen Ethnizitäten sukzessiv - bei einem gleichzeitigen Glaubwürdigkeitsverlust islamischer Konzepte - als Mobilisierungsgrundlage für die verschiedenen Kriegsparteien an Bedeutung. In diesem Artikel soll aufgezeigt werden, wie stark Ethnizität den gegenwärtigen Konflikt in Afghanistan bestimmt, aber auch, wo die Grenzen für eine Mobilisierung von Anhängern über Ethnizität liegen.

Die These dieses Artikels lautet, daß es sich bei Ethnizität um keine Konstante handelt, die jedem Menschen von Natur aus eigen ist, sondern um ein affektiv aufgeladenes Konstrukt, über das sich gesellschaftliche Ressourcen situativ einfordern lassen. Die Entstehung von Ethnizität ist immer an bestimmte gesellschaftspolitische und ideologische Rahmenbedingungen gebunden und stellt keine universelle Größe dar.

2. Theoretische Grundannahme

Wenn von ethnischen Gruppen gesprochen wird, reden die meisten Menschen aneinander vorbei, da sie unter diesem Begriff unterschiedliche

Sinnzusammenhänge verstehen. Um Mißverständnissen aus dem Weg zu gehen, stelle ich den Terminus „ethnische Gruppe" in einem bestimmten gesellschaftlichen Kontext. Grundsätzlich sollen die Begriffe „ethnische Kategorie" und „ethnische Gruppe" unterschieden werden (Abb. 1).

Abb. 1: Dichotomie der ethnischen Gruppe

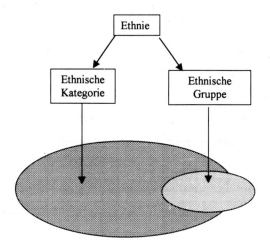

(Entwurf : C. Schetter)

Während ich den Terminus „Ethnie" als einen Oberbegriff verstehe, fasse ich unter einer ethnischen Kategorie Menschen zusammen, die über einen bestimmten Fundus an etisch, also von außen, benennbarem kulturellen Inventar verfügen: Etwa über eine gemeinsame Religion, Sprache, Bräuche etc.. Unter ethnischen Gruppen werden dagegen aus etischer Sichtweise

92

tatsächliche sozial organisierte Gruppen verstanden, die

- über einen gewissen Organisationsgrad verfügen,

- den Glauben an eine gemeinsame räumliche wie zeitliche Herkunft

teilen und

- deren Handeln in Bezug auf eine ethnische Kategorie erfolgt. Unter

den Handlungen eines Individuums in bezug auf eine solche ethni-

sche Gruppe verstehe ich Ethnizität.[1]

Um diese Aussage von der abstrakten auf eine greifbare Ebene zu heben,

folgende Beispiele: Ein Einwohner Afghanistans läßt sich der ethnischen

Kategorie „Hazaras" zuordnen, wenn er über ein turko-mongolides Ausse-

hen verfügt, der schiitischen Konfession angehört und Dari spricht. Doch

Hazaras als ethnische Gruppe verstanden, bezieht sich nur auf diejenigen,

die sich durch den Glauben an die gemeinsame Abstammung etwa - von

den Kriegern Dschingis Khans - und an die räumliche Herkunft aus Zen-

tralafghanistan verbunden fühlen, in einer gewissen Weise - etwa als Partei

- organisiert sind und in bewußt ethnischer Weise handeln - etwa nur unter

Hazaras heiraten, mit der Waffe in der Hand für die Rechte der Hazaras

kämpfen usw.. Anders ausgedrückt: Nicht jedes Individuum, das aufgrund

seines kulturellen Fundus der ethnischen Kategorie „Hazaras" angehört,

muß sich automatisch als Hazara fühlen und als Hazara handeln.

Das Beispiel der Tadschiken zeigt wie eklatant die Abweichungen

zwischen ethnischer Kategorie und ethnischer Gruppe sein können. So las-

---

[1] Die emische Perspektive, über die sich die ethnische Identität fassen läßt, soll an dieser Stelle nicht weiter ausgeführt werden. Während Ethnizität die aus etischer Perspektive vollzogenen Handlungen einer ethnischen Sozialgruppe beschreibt, entspricht ethnische Identität das aus emischer Perspektive festgestellte situative „Wir-Gefühl" eines
Individuums mit einer ethnischen Kategorie. Bei Ethnizität und ethnischer Identität
handelt es sich damit um zwei unterschiedliche Analysebenen des gleichen Phänomens
(Heinz 1993: 271).

sen sich unter der ethnischen Kategorie „Tadschiken" etwa alle sunniti-schen, nicht-tribal organisierten, seßhaften, Dari-sprachigen Einwohner Afghanistans fassen. Die ethnische Gruppe „Tadschiken" bleibt jedoch nur sehr schwach ausgeprägt, da bis heute eine tadschikische Ethnogonie - also der Glaube an eine gemeinsame zeitliche wie räumliche Herkunft der Tadschiken - fehlt. Bezüge auf regionaler Mikroebene sind dagegen für diejenigen, die der ethnischen Kategorie „Tadschiken" zugeordnet werden, viel wichtiger. Fragt man einen vermeintlichen Tadschiken nach seinem *qawm*, also nach seiner „basic solidarity group" (Roy 1989: 71), so wird er etwa Kabul, Pandjir oder Herat angeben, aber kaum Tadschike. Denn bis-lang wurde der Konstruktcharakter der ethnischen Kategorie „Tadschiken" noch nicht durch die Fiktion einer tadschikischen „Abstammungsgemein-schaft" (Weber 1980: 528) überwunden.

Ein Subjekt ist überdies niemals Mitglied einer ethnischen Gruppe aus reinem Selbstzweck, sondern nur weil es sich aus der Mitgliedschaft zu ei-ner ethnischen Gruppe bestimmte wirtschaftliche, politische, soziale oder psychische Vorteile erhofft (Cohen 1974: XIV-XVIII; 1981: 322f.). Die Interessenlage des Individuums kann dabei sehr unterschiedlich sein. So ist der eine Mitglied einer ethnischen Gruppe, da er hofft, auf diese Weise ei-nen Familienersatz zu finden, der andere, weil er auf einen Ministerposten spekuliert (Heinz 1993: 300ff.). Unter einer ethnischen Gruppe verstehe ich demnach eine situative Interessengemeinschaft und nicht eine Gruppe, der ein Individuum notwendigerweise „von der Wiege bis zur Bahre" imma-nent angehören muß.

Der gegenwärtige Afghanistankonflikt wird oft (z.B. von Roy 1994; Schetter 1997a; 1997b; Amin 1997) - als „ethnisch" bezeichnet. Bezieht man diese Beschreibung auf die Vorzeichen, unter denen der Krieg geführt wird, dann ist diese Aussage zu verifizieren; bezieht man das Ethnische des Konflikts auf die essentiellen Ursachen, dann ist sie abzulehnen. Denn Ethnizität selbst kann nicht Ursache eines Konflikts sein, sondern nur den „sozialen Leim" (Rex: 1990: 147) bilden, durch den eine Interessengruppe, die bestimmte Ressourcen und Rechte für sich einfordert, situativ zusammengeschweißt und von anderen Gruppen abgegrenzt wird.

3. Doppelstrategie der Konfliktparteien

Die vier Kriegsfraktionen, die seit den letzten Jahren *de facto* militärische und politische Macht in Afghanistan ausüben, verfolgen alle eine Doppelstrategie. Zum einen versuchen sie, über eine bestimmte islamische Ausrichtung, zum anderen über eine bestimmte Ethnizität Anhänger zu mobilisieren (Abb. 2).

Abb. 2.: Doppelstrategie afghanischer Konfliktparteien

Partei	Islamische Ausrichtung	Ethnische Gruppe
djam'iyat-e islami	sunnitisch-islamistisch	Tadschiken
djonbesch-e melli	gemäßigt-islamisch	Usbeken
harakat-e taliban	sunnitisch-reaktionär	Paschtunen
hezb-e wahdat	schiitisch	Hazaras

(Entwurf: C. Schetter)

Diese Doppelstrategie ermöglicht den Kriegsfraktionen nicht nur eine größere Flexibilität ihrer Politik, sondern macht sie auch darüber erhaben, als eindeutig ethnisch bestimmt zu erscheinen. Gerne machen Mitglieder oder

Sympathisanten einer Kriegsfraktion den anderen Gruppierungen zum Vorwurf, Ethnizität unter ihren Anhängern zu schüren, während gleichzeitig mit Nachdruck darauf hingewiesen wird, daß die eigene Partei keineswegs ihre Anhänger über Ethnizität mobilisiert. Während bis 1992 der ideologische Gegensatz Kommunismus *contra* Islam als Fassade für den Afghanistankrieg diente, avancierte mit dem Sieg über das Nadjibullah-Regime die Berufung auf den Islam zur einzig gültigen Basis für politische Handlungen und für die Ordnung der Gesellschaft. Der Kommunismus fiel als ideologischer Gegenpol weg. Der ehemalige Kommunist Raschid Dostum schrieb seiner Bewegung, der *djonbesch-e melli*, eine gemäßigte Islamauffassung auf die Fahne. Alleine um sich von den „Kommunisten" der *djonbesch-e melli* abzugrenzen, waren die *mudjahedin*-Parteien genötigt, radikalere Islamauffassungen zu vertreten. Sie begaben sich in einen Konkurrenzkampf, der sich auf den Nenner bringen läßt, daß sich eine Kriegsfraktion für um so „islamischer" hielt, je radikalere Auffassungen eines „wahren Islam" sie ihrem Selbstverständnis zugrunde legte. Diese Überstrapazierung des Islam bedingte, daß nun jede gesellschaftsordnende Maßnahme über den Verweis auf eine bestimmte Auslegung islamischer Rechtstexte, die zur einzig gültigen erhoben wurde, begründet wurde. Das „Islamische" wurde mit Vorliebe an sichtbaren, plakativen Maßnahmen (z.B. Verschleierung; Bartpflicht) festgemacht. Bei dieser Verengung des islamischen Horizonts auf rigide, holistische Konzepte blieben die verschiedenen Facetten des Islam, die in der afghanischen Gesellschaft existierten, unberücksichtigt bzw. wurden als von der Norm abweichend bekämpft. Spätestens seit dem rigorosen Vorgehen der *taliban* in Kabul verlor der Islam in der breiten Bevölkerung seine Glaubwürdigkeit als Allheilmittel für die Ordnung der Gesellschaft, als gesellschaftliche Integrationskraft sowie als Inhalt politischer Äußerungen. Während islamische Konzepte immer weniger von der afghanischen Bevölkerung als glaubwürdige Grundlagen für politische und gesellschaftliche Handlungen akzeptiert wurden, bemühten sich die Kriegsfraktionen verstärkt, über ihre ethnische Ausrichtung Anhänger zu mobilisieren und an sich zu binden.

Weshalb stieg nun gerade Ethnizität zu einer wesentlichen Ressource der Kriegführung im Afghanistankonflikt auf? Hierfür sind neben dem Versagen islamischer Konzepte besonders zwei Gründe zu nennen: Zum einen die Vielzahl an ethnischen Kategorien, die es in Afghanistan gibt, zum anderen der hohe affektive Gehalt, den ethnischen Gruppen gerade in einer Gesellschaft bieten, deren soziale Bindungen im Zuge des andauernden Kriegs weitgehend aufgelöst wurden.

4. Ethnizität als politische Ressource

Die Voraussetzung für die Politisierung von Ethnizität sind in Afghanistan äußerst günstig. Denn Afghanistan in seinen heutigen Grenzen wurde im ausgehenden 19. Jahrhundert in einem Akt der Willkür von den Kolonialmächten Britisch-Indien und Rußland festgelegt. So beinhaltet Afghanistan als Produkt der Kolonialpolitik eine Fülle an ethnischen Kategorien, die sich in Sprache, Konfession und anderen Bräuchen stark voneinander unterscheiden.

Für alle afghanischen Herrscher im 20. Jahrhundert bildeten die ethnischen Kategorien daher wichtige Leitbilder ihrer Politik. In der afghanischen Nationalideologie wurden die Paschtunen, denen das afghanische Königshaus angehört, mit den „Afghanen" gleichgesetzt, während die An-

gehörigen anderer ethnischer Kategorien nicht als „echte Afghanen" angesehen wurden. Vor Ausbruch des Afghanistankriegs verfügten die Einwohner Afghanistans daher aufgrund ihrer Zugehörigkeit zu einer bestimmten
ethnischen Kategorie über einen qualitativ unterschiedlichen Zugang zu
wirtschaftlichen und politischen Ressourcen des Landes, so daß sich die
ethnische Vielfalt in einer gesellschaftlichen Schichtung ausdrückte (Abb.
3):

**Abb. 3. Gesellschaftliche Schichtung der vier größten ethnischen Ka-
tegorien in Afghanistan (Ende der 70er Jahre)**

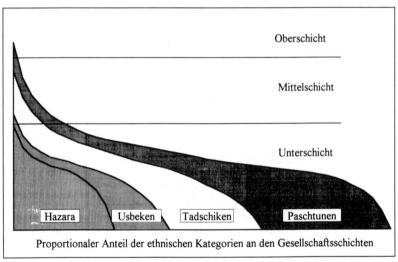

Entwurf u. Umsetzung C. Schetter

Die traditionelle Elite bestand in ihrer Mehrheit aus paschtunischen Adli-
gen. Die Tadschiken bildeten das Gros der Mittelschicht, da sie die Wirtschaft und den staatlichen Verwaltungsapparat dominierten. Die Usbeken

98

hatten auf den afghanischen Machtapparat nur wenig Einfluß und waren weitgehend auf ihren Siedlungsraum in Nordafghanistan beschränkt. Die Hazaras bildeten aufgrund ihres turko-mongoliden Aussehens und ihrer schiitischen Konfession eine marginalisierte Ethnie, die weitgehend von der Partizipation an den gesellschaftlichen Ressourcen ausgeschlossen blieb.

Doch war die „Ethnie" für die afghanische Bevölkerung vor 1978 eine abstrakte Identifikations- und Handlungsgröße, die zwar als Organisationsprinzip wahrgenommen wurde, aber nur selten als Plattform für eine übergreifende gesellschaftliche Organisation oder für politische Forderungen diente. Die Ursache für das Fehlen einer überregionalen Organisation auf ethnischer Ebene ist v.a. auf die Dezentralität des Landes zurückzuführen. Die Unwegsamkeit des Hindukusch und das hieraus resultierende Fehlen einer Infrastruktur bildeten entscheidende Interaktionsbarrieren. Die Handlungen und die Identität des Individuums richteten sich daher in der Regel an räumlichen (z.B. Dorf, Tal) und sozialen (z.B. Clan, Stamm) Mikrokosmen aus. Die afghanische Gesellschaft definierte Louis Dupree in den 70er Jahren daher als „inward-looking society" (1973: 248-251).

5. Die ethnische Gruppe als Familienersatz

Neben diesen gesellschaftlichen Voraussetzungen ist die affektive Aufladung ethnischer Gruppen hervorzuheben. Die Fiktion, daß alle Mitglieder einer ethnischen Gruppe miteinander verwandt sind, schafft in der afghanischen Gesellschaft, die stark auf familiären Bindungen aufbaut, einen festen Zusammenhalt. Die verheerenden Auswirkungen des Kriegs potenzieren das affektive Bedürfnis nach einer Gruppe, die durch ihren familiären

Charakter für Schutz und Sicherheit bürgt.

Der nun fast 20jährige Krieg hatte zur Folge, daß über die Hälfte aller Afghanen gezwungen war, ihre Heimat zu verlassen, und weit über eine Millionen Menschen dem Krieg zum Opfer fielen. Für das Individuum bedeutete dies, daß es aus seinem sozialen Kontext gerissen wurde und soziale Einheiten, über die es sich in der Vergangenheit vorzugsweise definiert hatte - wie etwa die Familie, das Dorf oder der Stamm - vielfach zerstört wurden oder nicht mehr die Sicherheit bieten konnten, die ihnen einst beigemessen wurde. Die „inward-looking society" Afghanistans erfuhr eine gewaltsame Auflösung. Die ethnische Gruppe - verstanden als erweiterte Familie, die durch den Glauben an die gemeinsame Herkunft miteinander verbunden ist - erfüllt daher eine wichtige Kompensationsfunktion für verlorengegangene, emotional aufgeladene Gruppenkonstrukte.

Doch entstehen ethnische Gruppen nicht aus dem Nichts, sondern benötigen sogenannte ethnische Unternehmer als „Agenten der Artikulation" (Blaschke 1985: 278). Diese lösen bei ihren Adressaten erst das Bewußtsein für eine bestimmte ethnische Zugehörigkeit aus. Gerade in der überwiegend analphabetischen Bevölkerung Afghanistans spielt das persönliche Charisma von Führern für die Entstehung politischer Bewegungen eine enorm wichtige Rolle.[2] Persönlichkeiten wie Mas'ud und Mullah Omar sind längst bei ihren Anhängern zu heroischen Gestalten aufgestiegen, denen sogar übermenschliche Fähigkeiten zugesprochen werden.[3] Auch

---

[2] Ein Indiz hierfür ist die Vielzahl an Erhebungen paschtunischer Stämme gegen den Zentralstaat im 20. Jahrhundert, die immer von charismatischen - meist religiösen - Persönlichkeiten angeführt wurden (Roy 1986: 62-65).
[3] Einige Anhänger Mas'uds sprechen diesem die Fähigkeit zu, „fliegen" zu können, da er an zwei unterschiedlichen Orten gleichzeitig gesichtet wurde. Aufgrund der Tatsache, daß bislang niemand Mullah Omar zu Gesicht bekommen hat, eröffnet sich der afghani-

Dostum und Hekmatyar entsprechen dem Bild ethnischer Unternehmer - wenn auch Hekmatyars Versuche, einen paschtunischen Ethnozentrismus für seine Ziele zu instrumentalisieren, aufgrund mangelnder Glaubwürdigkeit und eines zu spät gewählten Zeitpunkt scheiterten. Ebenfalls verbuchten Mas'uds Anstrengungen, eine tadschikische Ethnizität zu formen, nur bescheidene Erfolge, da regionalen Bezügen innerhalb der tadschikischen Kategorie für die Bildung von Gruppenkonstrukten eine zu große Bedeutung beigemessen wird (s.o.).

Ethnische Unternehmer versuchen, ihren Adressaten vor Augen zu führen, daß sie einer gesellschaftlichen und wirtschaftlichen Deprivation ausgesetzt sind und von anderen ethnischen Gruppen ausgenutzt werden; oder gar daß die Existenz der eigenen ethnischen Gruppe durch das aggressive Verhalten anderer ethnischer Gruppen bedroht wird (Bourdieu 1985: 19; Heinz 1993: 245). Der ethnische Unternehmer spielt mit dem Zugang zu Ressourcen:

- Er verbreitet Angst, indem er sagt, wenn ihr nicht eure ethnische Gruppe unterstützt, wird sie vertrieben oder ausgerottet. Die Kämpfe zwischen den Kriegsparteien arten daher immer häufiger in Genozide und ethnische Säuberungen aus. Der Genozid an den Hazaras in Mazar-e Scharif im Sommer 1998 bildete den vorläufigen schrecklichen Höhepunkt einer ganzen Welle ethnisch bedingter Massenmorde, die in den letzten zwei Jahren im ethnisch stark fragmentierten Nordafghanistan ständig zunahmen.

- Er verbreitet Neid, indem er sagt, bislang hatten die anderen die Kontrolle über die staatliche Macht und haben schlecht regiert, jetzt wollen wir die

---

schen Bevölkerung ein unendlicher Spielraum für Spekulationen. Während die einen *Mullah* Omar für eine fiktive Erfindung der Pakistanis halten, sehen die anderen in ihm einen Heiligen.

Macht, um alles besser zu machen. Ein ethnisch überzeugter Paschtune argumentiert etwa, daß Paschtunen Afghanistan regieren müssen, da die 250jährige paschtunische Hegemonie in Afghanistan weit weniger Unheil verursacht habe als die vier Jahre der „tadschikischen" Herrschaft der *djam'iyat-e Islami* von 1992-1996.[4] Ein ethnisch überzeugter Hazara fordert dagegen unter Bezugnahme auf die ethnische Schichtung der afghanischen Gesellschaft vor Kriegsausbruch im zukünftigen Afghanistan nicht mehr länger aufgrund ethnischer Kategorisierungen zum gesellschaftlichen Bodensatz gehören zu wollen.

- Er verbreitet Haß, indem er ein stereotypes Bild der Exklusivgruppen zeichnet, von der sich die Inklusivgruppe in überragender Weise abhebt. Über die Paschtunen herrscht etwa in Afghanistan das Vorurteil, sie seien eigensinnige Hinterwäldler, über die Tadschiken, sie seien rückgratlose Geizhälse, über die Hazaras sie seien ungebildete Habenichtse und über die Usbeken sie seien sadistische Barbaren.

- Er verbreitet ein Anrecht auf bestimmte Ressourcen. Beliebt ist besonders über einen bestimmten Anteil an der Gesamtbevölkerung oder am Siedlungsraum, Rechte einzufordern. Hierbei wird generell die ethnische Gruppe mit der ethnischen Kategorie gleichgesetzt: Die *hezb-e wahdat* beansprucht entsprechend des angenommenen Bevölkerungsanteils der Hazaras eine 25% Beteiligung an den Regierungsposten und aufgrund der Bevölkerungskonzentration in Zentralafghanistan ein autonomes Hazaradjat; die *djonbesch-e melli* setzt sich für ein konföderatives Afghanistan ein - mit der Option, daß einzelne Provinzen aus dieser auscheren können; die *djam'iyat-e islami* beansprucht den überwiegenden Teil der Staatsämter, da

---

[4] Zu den einzelnen politischen Zielen, die die verschiedenen Kriegsparteien über eine

angeblich über die Hälfte der Afghanen Tadschiken seien, sowie das Präsidentenamt, da Dari die *lingua franca* Afghanistans ist. Die *taliban* lehnen dagegen Arrangements mit den anderen Kriegsparteien ab und streben eine totale Alleinherrschaft an. In dieser Grundeinstellung sehen Gegner der *taliban* die Spiegelung paschtunischen Hegemoniedenkens (Schetter 1998: 188f.).

6. Ethnizität als Instrument der Kriegführung

Zwischen 1992 und 1996 befanden sich die *djam'iyat-e Islami*, die *djonbesch-e melli* und die *hezb-e wahdat* in wechselnden Koalitionen in ständigem Krieg miteinander. Die Kämpfe konzentrierten sich in erster Linie auf Kabul und wurden zunehmend von Ethnizität bestimmt. So führten tadschikische Truppen der *djam'iyat-e islami* sowie paschtunische und anti-schiitische Einheiten der *hezb-e islami* und der *ettehad-e islami* regelrechte Massaker an der städtischen Hazara-Bevölkerung durch; die *hezb-e wahdat* antwortete mit ethnischen Säuberungen in den westlichen Stadtteilen Kabuls.

Mit der unaufhaltsamen Ausbreitung der *taliban* seit 1994 waren die *djam'iyat-e islami*, die *djonbesch-e melli* und die *hezb-e wahdat* gezwungen, sich zu einem Zweckbündnis, der sog. Nordallianz, zusammenzuschließen. Von nun an stand der Konflikt unter dem Vorzeichen Paschtunen gegen ethnische Minderheiten. Die radikale Islam-Auffassung der *taliban*, die stark von paschtunischen Ehren- und Rechtsvorstellungen durchsetzt ist, potenzierte die Abneigung der Nicht-Paschtunen gegenüber den *taliban*.

---

ethnische Argumentation zu erreichen versuchen, vergleiche: Schetter 1998: 188f.

Bei der Einnahme Mazar-e Scharifs im August 1998 durch die *taliban* wurden die ethnisch begründeten Abneigungen offensichtlich und entluden sich in einem Genozid an den Hazaras: Die *taliban* schlachteten mehrere tausend Hazaras, die aufgrund ihres turko-mongoliden Aussehens leicht als solche zu identifizieren sind, regelrecht ab. Das Vorgehen der *taliban* bildete eine Vergeltungsaktion für das Debakel, das sie ein Jahr zuvor in Mazar-e Scharif erleben mußten. Damals waren die *taliban*, kurz nachdem sie die Stadt eingenommen hatten, von Hazaras und Usbeken vertrieben worden. Über 3.000 Kämpfer der *taliban* sind damals ermordet und in Massengräbern verscharrt worden.

Spätestens seit den Massakern von Mazar-e Scharif dürfte ein friedliches Zusammenleben der verschiedenen ethnischen Gruppen unter einem gemeinsamen Dach mittelfristig kaum möglich sein.

7. Barrieren für die Mobilisierung von Ethnizität

Doch ist auf einige Aspekte hinzuweisen, die einen kontrollierten und strategischen Einsatz von Ethnizität beschränken und bislang verhinderten, daß Ethnizität den Afghanistankonflikt als einziger Faktor dominierte:

a) Umma-Gedanke: Im Islam wird dem Gedanken, daß alle Muslime eine sozial gleichgestellte Einheit (*umma*) bilden, eine zentrale Rolle beigemessen. Der *umma*-Gedanke steht der Fragmentierung der afghanischen Gesellschaft entlang ethnischer Linien diametral entgegen. Daher werden in der Öffentlichkeit ethnozentristische Parolen kaum verwendet und nur unter dem Mantel der Verschwiegenheit geäußert. Denn wer die ethnische Fragmentierung der islamischen Gemeinschaft benennt oder gar forciert, gilt als schlechter Muslim. Durch die oben skizzierte Überstrapazierung der

104

islamischen Gesellschaftsordnung wächst jedoch die Gefahr, daß diese religiöse Barriere für die Ausbildung von Ethnizität an Bedeutung verliert.

b) Nationale Einheit: Die meisten Afghanen befürworten den Fortbestand des afghanischen Nationalstaats, da sie den nationalen Symbolen nostalgische Bedeutung beimessen und sie mit einer Auflösung Afghanistans eine unsichere Zukunft assoziieren. Diese Tatsache ermöglicht den Kriegsparteien nur einen strategisch limitierten Einsatz von Ethnizität, da die Existenz des afghanischen Staats um Willen ihrer Anhänger nicht in Frage gestellt werden darf. Doch gilt zu beachten, daß für die jungen Afghanen, die das „gute alte Afghanistan" nicht mehr erlebt haben, die nationale Einheit Afghanistans an sich keinen positiven Wert darstellt, da sie mit Afghanistan nur negative Konnotationen wie Krieg, Zerstörung etc. verbinden.

c) Zwänge der internationalen Politik: Die ethnischen Gruppen, die über die Kriegsfraktionen in Afghanistan um Einfluß kämpfen, sind - mit Ausnahme der Hazaras - auch in den Nachbarländern vertreten. Für die *djam'iyat-e islami* oder die *djonbesch-e melli* würde die ausschließliche Betonung ihrer Ethnizität zur Folge haben, daß eine Abgrenzung gegenüber Tadschikistan bzw. Usbekistan nur noch schwer aufrecht zu erhalten wäre. An einer Vereinigung mit diesen Staaten können beide Kriegsfraktionen jedoch nicht interessiert sein, würde dies doch eine Einschränkung ihrer politischen Freiheit und ihres Zugangs zu gesellschaftlichen und politischen Ressourcen bedeuten. Bei den *taliban* ist die Situation etwas anders, da sie stark unter pakistanischem Einfluß stehen. Die Hinwendung zu einem paschtunischen Ethnonationalismus könnte in der Politik der *taliban* nur dann offenkundig werden, wenn Pakistan die Kontrolle auf die *taliban* verlieren würde. Die *hezb-e wahdat* ist die einzige Partei, die eindeutig ethnisch Farbe bekennt, indem sie sich selbst als politische Vertretung der Hazaras ausgibt. Da die Hazaras in Zentralafghanistan recht konzentriert leben, kann die *hezb-e wahdat* ohne Rücksichtnahme auf seine ausländischen Verbündeten - namentlich Iran - Ethnizität als eine Ressource der Kriegsführung einsetzen.

d) Machtstreben: Solange die Parteien den Griff nach der zentralen Macht anstreben, müssen sie Ethnizität unterdrücken, um im multi-ethnischen Afghanistan ihre Glaubwürdigkeit aufrecht zu erhalten. Sollte sich die Fragmentierung Afghanistans weiter vertiefen und die Einrichtung einer afghanischen Zentralregierung in weite Ferne rücken, dürfte Ethnizität als Ressource noch an Bedeutung gewinnen.

8. Resumé

Im Afghanistankonflikt bildet die Betonung einer bestimmten Ethnizität eine wesentliche Strategie der Kriegsfraktionen, um Anhänger zu mobilisieren. Doch dient Ethnizität in Afghanistan bislang nur als Ressource für die innerstaatliche Parteienbildung und nicht für die Forderung nach einem eigenen Nationalstaat. Denn solange die Bevölkerung an der afghanischen Einheit festhält und die Anrainerstaaten an einem Fortbestand des Staats Afghanistan interessiert sind, wird keine Kriegsfraktion die staatliche Aufteilung Afghanistans entlang ethnischer Linien anstreben.

Doch ist zu bedenken, daß mit Dauer des Konflikts die Fragmentierung Afghanistans fortschreitet. Auch wird oft vergessen, daß Ethnizität zwar schnell geschaffen, aber nur schwer überwunden werden kann. Der Einsatz von Ethnizität ist daher ein Spiel mit dem Feuer. Den Konfliktparteien ist jedoch kaum bewußt, wie heiß Feuer sein kann.

Zitierte Literatur

AMIN, A. Rasul (1997): *Über die Gefahr, daß rassische, ethnische und sprachliche Vorurteile Afghanistan in nationale Uneinigkeit und territoriale Disintegration stürzen.* Peschawar (WUFA Bd. 102) [Paschtu]

BLASCHKE, Jochen (1985): *Volk, Nation, interner Kolonialismus, Ethnizität: Konzepte zur politischen Soziologie regionalistischer Bewegungen in Westeuropa.* Berlin

BOURDIEU, Pierre (1985) *Sozialer Raum und Klassen. Lecon sur la lecon. Zwei Vorlesungen.* Frankfurt a. M. [1982]

COHEN, Abner (1974): The Lesson of Ethnicity. In: Abner COHEN (Hrsg.): *Urban Ethnicity.* London, New York: IX-XXIV

COHEN, Abner (1981): Variables in Ethnicity. In: Charles F. KEYES (Hrsg.): *Ethnic Change.* Washington: 307-331

DUPREE, Louis (1973): *Afghanistan.* Princeton

HEINZ, Marco (1993): *Ethnizität und ethnische Identität. Eine Begriffsgeschichte.* Bonn (Mundus Reihe Ethnologie 72)

REX, John (1990): „Rasse" und „Ethnizität" als sozialwissenschaftliche Konzepte. In: Eckhard J. DITTRICH/Frank-Olaf RADTKE (Hrsg.): *Ethnizität. Wissenschaft und Minderheiten.* Opladen: 141-153

ROY, Oliver (1986): *Islam and Resistance in Afghanistan.* Cambridge

ROY, Oliver (1989): Afghanistan: Back to Tribalism or on to Libanon? In: *Third World Quarterly* 11 (4): 70-82

ROY, Oliver (1994): *Afghanistan: From Holy War to Civil War.* Princeton

SCHETTER, Conrad (1997a): Ethnizität und ethnische Konflikte in Afghanistan. In: Wilhelm LÖWENSTEIN (Hrsg.): *Beiträge zur zeitgenössischen Afghanistanforschung:* 51-68 (Ruhr-Universität Bochum. Institut für Entwicklungsforschung u. Entwicklungspolitik. Materialien und kleinere Schriften Bd. 163)

SCHETTER, Conrad (1997b): Paschtunischer Ethnozentrismus oder einigender Islam? Die Taliban und die Zukunft Afghanistans. In: *Blätter für deutsche und internationale Politik* 10: 1235-1244

SCHETTER, Conrad (1998): Afghanistan zwischen Chaos und Machtpolitik. In: *Politik und Gesellschaft* 2: 173-190

WEBER, Max (1980): *Wirtschaft und Gesellschaft. Grundwissen der verstehenden Soziologie.* Tübingen [1921]

Irans Politik im Afghanistankonflikt seit 1992

Andreas Rieck

1. Einleitung

Seit dem Aufkommen der *taliban* Ende 1994 ist Iran schrittweise zur Partei in einem Stellvertreterkrieg um Afghanistan geworden. Zwar hat Irans Engagement auf Seiten der Gegner der *taliban* bisher wohl noch nicht den Umfang erreicht, mit dem Pakistan mutmaßlich seinerseits die *taliban* gefördert hat; jedoch seine intensiven Drohgebärden an die Adresse der *taliban* vom August bis Oktober 1998 und seine anhaltende Unterstützung der Nordallianz haben gezeigt, daß Iran eine mögliche Konsolidierung der *taliban*-Herrschaft im ganzen Land nicht hinnehmen wird.

Irans heute sehr aktive Rolle im afghanischen Konflikt hat eine lange Vorgeschichte seiner Rivalität mit Pakistan. Doch bis vor einigen Jahren hatte Afghanistan in Irans regionaler Strategie bei weitem nicht den Stellenwert, der dem Land aus pakistanischer Perspektive schon seit Jahrzehnten zukommt. Vielmehr gewann Iran nach einer überwiegend passiven Haltung während des afghanischen Freiheitskampfs gegen sowjetische Invasoren (1980-1989) erst ab 1992 starken Einfluß in Afghanistan. Dieser ist zwar durch den Siegeszug der *taliban* Schritt für Schritt wieder zurückgedrängt worden, aber noch ist ein Ende des Stellvertreterkriegs nicht abzusehen.

2. Iran und der Afghanistankrieg (1980-1992)

Mit dem Sieg der iranischen Revolution 1979 begann eine neue Phase in den bilateralen Beziehungen, die in den vergangenen Jahrhunderten durch wechselseitige Eroberungszüge und Gebietsansprüche sowie afghanische Ressentiments gegenüber iranischen Großmachtambitionen – dem sogenannten „Cyrus-Komplex" - gekennzeichnet war (Wakil 1991: 111). Der ideologische Anspruch der neuen iranischen Machthaber als „Avantgarde islamischer Befreiungsbewegungen" brachte sie zunächst in scharfen Gegensatz zum Regime der pro-sowjetischen afghanischen Putschisten von 1978. Noch vor der sowjetischen Invasion vom Dezember 1979 hatte Irans Regime jedoch auch den offenen Konflikt mit den USA gesucht (Besetzung der Teheraner US-Botschaft am 4.11.1979), und in den folgenden Jahren blieb es bei seiner Linie, die USA als seinen Feind Nr. 1 und „größten Satan" darzustellen, die Sowjetunion hingegen nur als den „Junior-Satan". Zurückhaltung gegenüber dem mächtigen Nachbarn im Norden war erst recht seit dem irakischen Angriff vom September 1980 geboten. Der Krieg gegen den hochgerüsteten Irak (1980-1988) wurde nicht nur für Irans seinerzeit international isoliertes Regime zu einer Art Überlebenskampf, sondern er zermürbte auch die wirtschaftliche Basis des Landes und bedrohte seine territoriale Integrität. Unter diesen Voraussetzungen verfügte Iran weder über die Mittel, sich stärker auf dem afghanischen Kriegsschauplatz zu engagieren, noch hätte es das Risiko offener Feindschaft zur Sowjetunion auf sich nehmen können.

Es sei auch daran erinnert, daß dieselben arabischen Staaten, die in den 80er Jahren 3-4 Mrd. Dollar für die Unterstützung der afghanischen *mudjahedin* aufgewendet haben, im selben Zeitraum mit der zehnfachen

Summe Iraks Kriegführung gegen Iran finanziert haben, um so die Gefahr eines „Exports der iranischen Revolution" einzudämmen. Iran bekam - im Gegensatz zu Pakistan - nicht einmal nennenswerte internationale Hilfsgelder für den Unterhalt von bis zu 2,5 Mio. afghanischen Flüchtlingen auf seinem Staatsgebiet. Diese konnten allerdings als billige Arbeitskräfte eingesetzt werden; Tausende wurden auch zum Kriegseinsatz an der Front gegen den Irak gepreßt. In Afghanistan selbst konzentrierte Iran seine aktive Unterstützung der *mudjahedin* auf die schiitische Volksgruppe der Hazara. Deren Siedlungsgebiete im zentralen Bergland waren für die Sowjets von geringer strategischer Bedeutung und blieben seit 1981 von größeren Kriegshandlungen verschont. Tatsächlich haben sich die von Iran geförderten Gruppen - *sazman-e nasr, sepah-ye pasdaran* u.a. - in den 80er Jahren vor allem bei innerschiitischen Machtkämpfen im Hazarajat bemerkbar gemacht (Harpviken 1995; Pohly 1998: 57-60).

Irans nachrangige Rolle im afghanischen *djihad* der 80er Jahre spiegelte sich auch in seinem Ausschluß von den Verhandlungen des UN-Vermittlers Diego Cordovez wider, die im April 1988 mit dem Genfer Afghanistan-Abkommen zwischen der Sowjetunion, Pakistan und dem Kabuler Regime einen vorläufigen Abschluß fanden (Cordovez/Harrison 1995). Allerdings hielt Pakistan, das trotz seiner damals engen Allianz mit den USA und den arabischen Gegnern Irans gute Beziehungen zu Teheran wahrte, Iran während der sich über sechs Jahre hinziehenden UN-Verhandlungsrunden stets auf dem Laufenden und versuchte die Position beider Länder zu Afghanistan zu koordinieren. Dies und die prinzipiell iranfreundliche Haltung des pakistanischen Diktators Zia ul-Haq konnten indessen nicht darüber hinweg täuschen, daß Iran dessen Ziel einer Machtübernahme der paschtunischen *mudjahedin* keinesfalls teilte. Spätestens ab 1987, seitdem an Gorbatschows Absicht eines Truppenabzugs kein Zweifel mehr bestand, befürchtete Iran, daß Afghanistan durch einen Sieg der paschtunischen Islamisten in eine Einflußzone der USA und Saudi-Arabiens verwandelt werden könnte, und begann vorsichtige Avancen an das sowjetisch gestützte Kabuler Regime.

Nach dem Waffenstillstand in seinem Krieg gegen den Irak (August 1988) und dem Abzug aller sowjetischen Truppen aus Afghanistan (bis Februar 1989) gewann Iran freie Hand für ein stärkeres Engagement in Afghanistan. So plädierte Iran einerseits - im scharfen Gegensatz zu Pakistan und dessen afghanischer Klientel - für einen Kompromiß zwischen den *mudjahedin* und dem Regime Nadjibullah, andererseits versuchte es, eine möglichst starke Repräsentation der schiitischen Gruppen in der *mudjahedin*-Exilregierung in Peschawar durchzusetzen. Obwohl deren Zahl bis 1988 auf acht angewachsen war - nicht zuletzt in dem Bemühen, ein „Gegengewicht" zu den von Pakistan geförderten sieben Parteien zu schaffen - wurden sie von den sunnitisch-paschtunisch dominierten *mudjahedin*-Gruppen als Partner nicht für voll genommen, bzw. ihre Beteiligung am *djihad* wurde rundweg abgestritten. Nachdem den Schiiten im Frühjahr 1989 nicht mehr als 60 der 480 Sitze im afghanischen „Widerstandsrat" (Exilparlament in Peschawar) zugestanden worden waren, veranlaßte Iran deren Parteien im darauf folgenden Jahr, sich zur *hezb-e wahdat-e islami* („Partei der Islamischen Einheit") zusammenzuschließen (Mousavi 1998: 192ff.).

Angesichts des Zusammenbruchs der Sowjetunion und der Öffnung Zentralasiens Ende 1991, die für Iran völlig neue Perspektiven regionaler

Einflußnahme eröffnete, entwickelte Iran auch größeres Interesse an den sonstigen persischsprachigen Volksgruppen Afghanistans, besonders an der tadschikisch dominierten *djam'iyat-e islami* (Ahady 1998: 122). Während der Machtverfall des Nadjibullah-Regimes Anfang 1992 durch ethnische Gegensätze beschleunigt wurde, gelang es Iran, ein vorübergehendes Bündnis der nicht-paschtunischen bewaffneten Kräfte zu vermitteln (Ahady 1998: 122; Pohly 1998: 66-69). Am 25.4.1992 marschierten die tadschikischen *mudjahedin* von Ahmad Shah Mas'ud, unterstützt von der Usbekenmiliz von Abd ul-Rashid Dostum und anderen Überläufern des alten Regimes, in die Hauptstadt ein und kamen den paschtunischen Einheiten der *hezb-e islami* von Gulbuddin Hekmatyar - denen sich ihrerseits paschtunische Überläufer des Nadjibullah-Regimes anschlossen - knapp zuvor. Große Teile Kabuls wurden seinerzeit auch von der *hezb-e wahdat* besetzt, die dort u.a. mit Hilfe der iranischen Botschaft bewaffnet worden sein soll.

3. Iran und der Bürgerkrieg (1992-1994)

Nicht nur in der Hauptstadt, sondern in der gesamten nördlichen Hälfte Afghanistans hatten im April 1992 nicht-paschtunische bewaffnete Kräfte die Kontrolle übernommen: Mas'uds *shura-ye nazar* in den Nordostprovinzen, die *hezb-e wahdat* im Landesinneren, Dostums *djonbesch-e melli* in mehreren Nordprovinzen und der *mudjahedin*-Führer Ismail Khan im Nordwesten um Herat. Zwar übernahm ein am 24.4.1992 in Peshawar gebildeter Übergangsrat aller *mudjahedin*-Parteien am 28.4. formal die Staatsgeschäfte in Kabul - mit Sibghatullah Mudjaddidi, dem Führer der schwächsten paschtunischen Partei, als Präsidenten - aber dieser blieb nur ein Spielball der *de-facto*-Kräfte. Nach der Ablösung von Mudjaddidi durch

Burhan ud-Din Rabbani, den Vorsitzenden der *djam'iyat-e islami*, Ende Juni 1992 fiel die Kabuler Regierung mitsamt den ihr verbliebenen Machtmitteln - Druck afghanischen Geldes, Besetzung diplomatischer Vertretungen, Befehlsgewalt über die Luftwaffenbasis Bagram und sonstige Reste der regulären Streitkräfte - mehr und mehr unter den Einfluß von Mas'ud, der sich das Amt des Verteidigungsministers vorbehielt. Pakistans langjährige Verbündete gerieten hingegen völlig ins Hintertreffen. Die *hezb-e islami* konnte sich auch mit massivem Einsatz militärischer Gewalt nur in einigen Vororten Kabuls durchsetzen, da Hekmatyar keine Unterstützung anderer paschtunischer Führer erhielt. Die meisten paschtunischen *mudjahedin*-Verbände blieben neutral und konzentrierten sich auf die Früchte des Sieges in den Provinzen. Die Existenz von sieben Parteien und zahllosen rivalisierenden Kommandeuren begünstigte dabei ein Abgleiten der paschtunischen Provinzen in anarchische Zustände, mit zahllosen Übergriffen auf die Zivilbevölkerung und den Warenverkehr (Rieck 1997a: 125ff.).

Dennoch war auch für Iran die Situation 1992-1994 keineswegs befriedigend. Die Rückkehr afghanischer Flüchtlinge verzögerte sich - ab 1993 griff Irans Regierung zum Mittel der schrittweisen Zwangsdeportation - und die Allianz der nordafghanischen Kräfte war nur von kurzer Dauer. Noch während der Amtszeit von Mudjaddidi geriet die *hezb-e wahdat*, die eine 25%ige Beteiligung an der Regierung und an den neu zu schaffenden staatlichen Institutionen verlangte, in bewaffnete Konflikte mit den Truppen Mas'uds und des mit Rabbani verbündeten prosaudischen *mudjahedin*-Führers Abdul-Rabb Rasul Sayyaf (*ettihad-e islami*). Solche Kämpfe setzten sich während der folgenden drei Jahre mit zunehmender Heftigkeit fort und führten zu einem Bündnis des von Abd ul-Ali Mazari angeführten Mehrheitsflügels der *hezb-e wahdat* mit Hekmatyar, während eine Minderheit unter Mohammad Akbari loyal zu Rabbani und Mas'ud blieb. Bis zum März 1995, dem Zeitpunkt der Vertreibung der *hezb-e wahdat* aus Kabul durch Mas'ud (s.u.), versuchten iranische Emissäre immer wieder erfolglos zwischen den Flügeln der *hezb-e wahdat* zu vermitteln. Dies galt auch hinsichtlich des wachsenden Konflikts zwischen Mas'ud und Dostum, der während der ersten Monate des Jahres 1994 zu den schwersten Kämpfen in Kabul überhaupt führte. Ab Januar 1994 verbündeten sich Dostum, Hekmatyar, Mudjaddidi und Mazari in einem sogenannten „Obersten Koordinierungsrat für die Islamische Revolution in Afghanistan" gegen Rabbani und Mas'ud, ohne indessen Mas'uds Vormacht in Kabul brechen zu können. Wegen der anhaltenden Unterstützung Irans für die *hezb-e wahdat* verurteilte Mas'ud 1993 und 1994 wiederholt neben der pakistanischen auch die iranische Einmischung in Afghanistan.

Sowohl Iran als auch Pakistan hatten während der Jahre 1992-1994 zwar ihre jeweiligen Favoriten, versuchten aber noch auf alle afghanischen Parteien Einfluß auszuüben und wahrten ein gewisses Maß an bilateraler Kooperation. So unterstützten im März 1993 sowohl Iran als auch Saudi-Arabien eine Initiative des pakistanischen Ministerpräsidenten Nawaz Scharif, der die Hauptkontrahenten Rabbani und Hekmatyar zur Unterzeichnung eines Friedensabkommens bewegen konnte. Nach dem Scheitern des sogenannten Islamabad-Akkords vom 7.3.1993 verlor jedoch Pakistan die Geduld mit Rabbani und arbeitete auf den Sturz seiner Regierung hin, während Iran an deren Legitimität festhielt. Dieser Interessengegensatz akzentuierte sich ab 1994 durch die Annäherung der Kabuler Machthaber an

Pakistans Erzfeind Indien. Nachdem sich Rabbani und Mas'ud im Sommer 1994 selbst gegen die o.g. Allianz von Hekmatyar und Dostum in Kabul durchgesetzt hatten, begannen in Pakistan mutmaßlich die Vorbereitungen für das „Projekt *taliban*".

4. Iran und die *taliban* bis zum Fall von Kabul (1994-1996)

Das Aufkommen der *taliban* als militärische Kraft Ende 1994 hatte schnell Auswirkungen auf Irans Position in Afghanistan. Nachdem die *taliban* innerhalb weniger Monate in Qandahar und den südlichen paschtunischen Provinzen das Regiment lokaler Warlords beendet hatten, standen sie bereits im Februar 1995 vor Kabul und zwangen zunächst Hekmatyars Kämpfer zur Aufgabe ihres befestigten Hauptquartiers in den südlichen Randgebieten der Hauptstadt (14.2.1995). Davon profitierte Mas'ud mit einer Offensive gegen die nunmehr in Kabul isolierte *hezb-e wahdat* (ab 6.3.1995), was seinerzeit von Iran scharf verurteilt wurde. In dieser Situation holte Mazari Einheiten der *taliban* als „neutrale Truppe" an die Frontlinien im Zentrum von Kabul und die *hezb-e wahdat* erklärte sich zur Abgabe ihrer schweren Waffen an die *taliban* bereit. Sie wurden jedoch u.a. von Hazara-Überläufern zur Regierungsseite beschossen und am 11.3.1995 samt der *hezb-e wahdat* aus Kabul vertrieben. Bei ihrem Rückzug nahmen die *taliban* Mazari als Gefangenen mit. Er starb in einem Helikopter auf dem Flug nach Qandahar, mutmaßlich bei dem Versuch, diesen unter seine Gewalt zu bringen (Davis 1998: 56-58).

Sowohl die *hezb-e wahdat* selbst als auch Iran beschuldigten die *taliban* der „Ermordung" Mazaris und blieben seitdem in feindseliger Distanz zu ihnen. Spätestens seit deren erster - seinerzeit noch erfolglosen - Offensive gegen den Machtbereich Ismail Khans in den westlichen Provinzen im April 1995 sah Iran hinter den *taliban* nicht nur die Ambitionen Pakistans und Saudi-Arabiens, ihren Einfluß in Afghanistan wiederherzustellen, sondern hielt sie auch für ein Element der US-Strategie zur Isolierung Irans, die am 30.4.1995 mit der Ankündigung von Handelssanktionen durch den Präsidenten Clinton offen bekräftigt wurde. Angesichts der neuen Lage mußte Iran auch Mas'ud die mit Hunderten von Todesopfern und Plünderungen verbundene Vertreibung der *hezb-e wahdat* aus Kabul (Mousavi 1998: 199f.) nachsehen und seine Beziehungen zur Kabuler Regierung festigen. Im Juni und Juli 1995 eroberte der von Iran gleichermaßen anerkannte Akbari-Flügel der *hezb-e wahdat* mit Unterstützung Mas'uds die Orte Bamian und Yakaulang im zentralen Hazarajat, womit erstmals eine Landverbindung zwischen Irans Verbündeten in Kabul und Herat hergestellt war.

Bereits im September 1995 verlor Iran diesen strategischen Vorteil jedoch wieder. Eine von Hilfstruppen aus Kabul forcierte Offensive Ismail Khans gegen die *taliban* in der südwestlichen Provinz Helmand (ab 23.8.1995) führte nach anfänglichen Erfolgen zu einer vernichtenden Niederlage und dem Vormarsch der *taliban* bis nach Herat (5.9.1995) und in die nördlich angrenzende Provinz Badghis. Ismail Khan selbst floh mit einigen Tausend Anhängern nach Iran. Trotz guter Beziehungen zu Dostum hatte Iran nicht verhindern können, daß dessen Luftwaffe die Offensive der *taliban* unterstützt hatte. Eine Reihe von Versuchen, die Herrschaft der *taliban* über die nordwestlichen Provinzen mit Hilfe von in Iran ausgerüsteten Infiltranten zu destabilisieren, scheiterte während der folgenden zwölf Monate. Angesichts einer neuerlichen Großoffensive der *taliban* gegen Kabul ab Ende September 1995 verstärkte Iran die Lieferung von Waffen und Munition für die Regierungstruppen über die Luftwaffenbasis Bagram sowie seine Versuche, die Allianz von 1992 zwischen Mas'ud und Dostum wiederzubeleben. Irans Sondergesandter für Afghanistan, Ala'ud-Din Borudjerdi, pendelte mit diesem Ziel allein im Dezember 1995 viermal zwischen Kabul und Mazar-e Scharif.

Seit dem Fall von Herat nannten iranische Regierungsvertreter den Konflikt ihres Landes mit Pakistan offen beim Namen, wenngleich Versuche einer bilateralen Verständigung über Afghanistan auch in den folgenden Jahren von beiden Staaten niemals aufgegeben wurden. Die *taliban* verurteilten zwar Irans Einmischung in Afghanistan, unternahmen aber ihrerseits auch etliche Versuche, die Beziehungen zu Iran zu verbessern. Sie verzichteten bis Anfang 1997 auf Vorstöße in das Territorium der Hazaras, und ihre Führer fanden wiederholt lobende Worte für den „islamischen Charakter" der iranischen Staatsordnung. Iran war aber an einer Aufwertung der *taliban* nicht interessiert und empfing nur einmal (am 24.4.1996) eine Delegation der *taliban*, und dies auch nur in Masched anstelle von Teheran. Nicht zu Unrecht hielten iranische Offizielle den *taliban* vor, sich einer friedlichen Lösung des Bürgerkriegs zu widersetzen und den Schmuggel von Opium und Heroin nach Iran zu fördern. Interessanterweise erfuhr der iranische Handel mit Afghanistan unter den *taliban* dennoch einen Aufschwung, darunter große Mengen von teuren Konsumgütern, die über iranische Häfen nach Afghanistan transportiert und von dort aus nach Pakistan geschmuggelt wurden.

Nachdem die *taliban*-Offensive vor Kabul zunächst festgefahren war, erzielte Iran im Frühjahr 1996 einen vorübergehenden Erfolg, indem es -

unterstützt von der pakistanischen *djama'at-e islami* - Hekmatyar zu einem Bündnis mit Rabbani gegen die *taliban* überreden konnte. Von allen paschtunischen *mudjahedin*-Führern stand Hekmatyar - trotz etlicher gegenseitiger Polemiken seit den 80er Jahren - Iran noch am nächsten, u.a. wegen seiner pan-islamischen und anti-amerikanischen Grundhaltung. Der Einzug Hekmatyars als Ministerpräsident in Kabul (26.6.1996), der offensichtlich auch von Pakistan begrüßt wurde, schien dem Rabbani-Regime eine gute Chance zu bieten, seine Basis unter den Paschtunen wieder zu verbreitern. Seinerzeit eröffnete Iran auch ein Generalkonsulat in der Stadt Djalalabad (8.6.1996), um deren Kontrolle ein Wettlauf zwischen Kabul und den *taliban* eingesetzt hatte, und verstärkte seine Bemühungen, auch Dostum und den Mehrheitsflügel der *hezb-e wahdat* in den Rahmen einer breiten Allianz gegen die *taliban* einzubinden. Ein erster Erfolg wurde mit der Öffnung des Salang-Tunnels zwischen Kabul und Nordafghanistan nach drei Jahren Schließung am 29.8.1996 erzielt.

Eine mutmaßlich von Pakistan aus massiv geförderte Offensive der *taliban* im September 1996 machte solche Hoffnungen Irans zunichte (Davis 1998: 65-68). Nach Djalalabad (11.9.1996) und Sarobi (24.9.1996) eroberten die *taliban* am 27.9.1996 kampflos Kabul, aus dem sich die Truppen Mas'uds überstürzt zurückgezogen hatten. Angesichts dieser schweren Schlappe ließen Irans Führer ihrem Unwillen freien Lauf. Präsident Rafsandjani meinte, die Situation in Afghanistan hätte „sich in ein kompliziertes, unlösbares Problem verwandelt" und hoffte, die *taliban* würden „eines Tages Vernunft annehmen". Teherans Freitagsprediger Ayatollah Djannati beschimpfte sie als „gewalttätige, engstirnige Reaktionäre", und selbst Ayatollah Khamenei verurteilte „unislamische und inakzeptable Taten im Namen des Islam durch eine Gruppe, deren Kenntnisse über den Islam fraglich sind". In iranischen Zeitungen wurde sogar gemutmaßt, die *taliban* seien eigens „von den USA geschaffen" worden, „um den Islam zu diskreditieren" (Rieck 1997b: 213).

5. Vom Fall Kabuls zum Fall von Mazar-e Scharif (1996-1998)

Auch nach der Vertreibung der Rabbani-Regierung aus Kabul blieb Iran eisern bei der Fiktion, diese „bleibe die legitime Regierung Afghanistans", was „durch das Aufkommen einer Gruppe von Rebellen (*sic.*) nicht in Frage gestellt (würde)", so Irans Außenminister Velayati am 23.10.1996 (Rieck 1997b: 213). Immerhin konnte Iran - unter dem Eindruck eines ungebremsten weiteren Vormarschs der *taliban* in Richtung Salang-Tunnel und Pandjir-Tal - Dostum und die *hezb-e wahdat* dazu bewegen, sich am 11.10.1996 mit Mas'ud zu einem sogenannten „Obersten Rat zur Rettung des Vaterlandes" zu verbünden (Rieck 1997a: 137). Die Luftwaffenbasis Bagram und die tadschikischen Dörfer der Umgebung wurden vorübergehend von Mas'ud mit Unterstützung Dostums zurückerobert, aber schon ab Ende Dezember 1996 rückten die *taliban* erneut nördlich von Kabul vor und drangen im Januar 1997 auch in das von Paschtunen und Hazara besiedelte Ghorband-Tal, den Hauptverbindungsweg zwischen Kabul und Bamian, vor.

Iran veranstaltete vom 25.-26.1.1997 eine internationale Afghanistan-Konferenz in Teheran, die allerdings von den *taliban* mit dem Hinweis boykottiert wurde, sie diene nur der „militärischen und politischen Koordination der von Iran gestützten Gruppen". Selbst die Teheraner Presse kritisierte, daß solche Konferenzen „nur Irans Prestige in internationalen Kreisen beschädigen" würden, und plädierte statt dessen für militärischen Druck auf die *taliban*. Solcher wurde indessen von Iran nach besten Kräften - wenn auch niemals offen eingestanden - weiter aufgebaut. In die umkämpfte Nordwestprovinz Badghis wurden seit Oktober 1996 von Iran Kämpfer Ismail Khans eingeflogen; ein konstanter Nachschub von Waffen und Material für die Nordallianz lief aus Iran über die Flughäfen von Bamian, Mazar-e Scharif und Taloqan. Allerdings gelang es Iran nicht, aus diesem von wechselseitige Animositäten zerrissenen Zweckbündnis eine wirkliche Allianz zu formen.

Interne Rivalitäten und offene Rechnungen innerhalb von Dostums *djonbesch-e melli* kulminierten im Mai 1997 in der Rebellion von Dostums Stellvertreter Abd ul-Malek, der sich mit seinen Anhängern auf die Seite der *taliban* schlug. Nach der Flucht von Dostum in die Türkei und von Rabbani und Hekmatyar nach Iran konnten die *taliban* am 24.5.1997 mehrere Tausend Kämpfer nach Mazar-e Scharif einfliegen, während sie weitere Einheiten über den Salang-Tunnel nach Pul-e Khumri entsandten. Bei dem nachfolgenden Aufstand gegen die *taliban* in Mazar-e Scharif (ab 27.5.1997), der Abd ul-Malek zum erneuten Seitenwechsel veranlaßte, dürfte Iran eine Schlüsselrolle gespielt haben. Jedenfalls waren es Mitglieder der *hezb-e wahdat*, die sich zuerst der Entwaffnung durch die *taliban* widersetzten und später ein Massaker an den ortsunkundigen *taliban*-Milizionären verübten. Als Reaktion schlossen die *taliban* am 2.6.1997 Irans Botschaft in Kabul und wiesen die Diplomaten aus. Ihr „Radio Shari'at" kommentierte diese Maßnahme mit folgenden Worten:

„Wir waren nach der Schaffung des Islamischen Staates Afghanistan der tiefen Hoffnung, daß aufgrund der Gemeinsamkeiten in Sprache, Religion und Kultur und angesichts der guten nachbarschaftlichen Beziehungen ...

Iran ernsthafte und selbstlose Anstrengungen zur Wiederherstellung lan-
desweiter Stabilität und Sicherheit und der nationalen Einheit sowie zur
Etablierung einer starken Zentralregierung unternehmen werde. (...) Trauri-
gerweise sind die offiziellen Stellen Irans entschlossen, die Feuer von Konflikt und Brudermord in Afghanistan noch einige Zeit zu schüren, so lange
bis sie ihre Ziele im wirtschaftlichen, politischen und im Transitbereich erreicht haben....." (Deutsche Welle, Monitor-Dienst Nahost, 4.6.1997)

Der Vorwurf entbehrte insofern nicht der Grundlage, als Iran auch nach
dem Fall von Kabul mit dem *Status quo*, d.h. der *de facto* Teilung Afghanistans, leben konnte, solange die verbliebenen Machtpositionen der Nordallianz Iran eine Art Vetorecht für alle Lösungen einräumte, die nicht in seinem Interesse lagen. So profitierte Iran auch nach der Eroberung von Herat
durch die *taliban* von dem Zustand der Unsicherheit in Afghanistan, der
Investitionen in die Entwicklung der Transitwege von Turkmenistan nach
Pakistan verhinderte (ganz zu schweigen von der weiterhin blockierten po-
tentiellen Haupttransitstrecke Usbekistan-Salang-Kabul). Gleiches galt für
das Projekt der Gaspipeline von Turkmenistan über Westafghanistan nach
Pakistan, das in den letzten Jahren oft als ein Hauptmotiv für die „Schaffung" der *taliban* angesehen worden ist (Rashid 1997; Mackenzie 1998:
96-99).

Iran schloß seinerseits seine Grenzen mit Afghanistan vorübergehend
für den Warenverkehr und verstärkte seine Unterstützung für die *hezb-e
wahdat*, die im Juni 1997 die *taliban* aus dem Ghorband-Tal zurückdrängen
konnte. Zwar konnten sich die über den Salang-Tunnel in den Norden entsandten *taliban*-Verbände um die Stadt Kunduz behaupten und von dort
aus im September zu einer erneuten Offensive gegen Mazar-e Scharif ansetzen, aber unmittelbar nördlich von Kabul verloren sie im Juli/August

1997 wieder an Boden. Dieses wechselvolle Kriegsglück spiegelte auch die Differenzen innerhalb der Nordallianz wider, die unfähig zu koordiniertem militärischen Handeln schien. Während der Septemberoffensive der *taliban* gegen Mazar-e Scharif kehrte Dostum aus dem Exil zurück und konnte in den folgenden Wochen die Mehrheit der usbekischen Milizen wieder auf seine Seite ziehen und schließlich Abd ul-Malek zur Flucht nach Iran zwingen (23.11.1997)[1]. Seit Ende 1997 hatte er jedoch auch zusehends größere Probleme mit der *hezb-e wahdat*, die ihm die Vormacht in Mazar-e Scharif streitig machte. Dies und die ungelösten Querelen innerhalb der *djonbesch-e melli* bereiteten schließlich der erfolgreichen *taliban*-Offensive in die nördlichen Provinzen vom Juli und August 1998 den Weg.

Von Dezember 1997 bis Mai 1998 sah es noch einmal so aus, als könnten Iran und Pakistan ihren Stellvertreterkrieg um Afghanistan entschärfen und einer Einigung näherkommen. Am Rande der Islamischen Gipfelkonferenz in Teheran (9.-11.12.1997), bei der die Frage der Repräsentation Afghanistans innerhalb der OIC (*Organisation of Islamic Countries*) offen blieb, zeigte Pakistans Ministerpräsident Nawaz Scharif großes Verständnis für Irans Haltung und lud sogar Rabbani zu einem Besuch Pakistans ein (23.-31.12.1997). Seit Oktober 1997 fanden am UN-Hauptquartier in New York die sogenannte 6+2 Gespräche über Afghanistan statt (Vertreter der 6 Anrainerstaaten, der USA und Rußlands), womit die USA ihren Boykott Irans zumindest hinsichtlich des Afghanistan-Konflikts aufgegeben hatten. Schon am 27.7.1997 hatte die US-Außenministerin Albright bekanntgegeben, daß die USA keine Einwände gegen den Bau der seit Jahren geplanten Gaspipeline von Turkmenistan

---

[1] Die *taliban* verlangen seitdem seine Auslieferung wegen mutmaßlicher Verantwortung

über Iran in die Türkei hätten (ein Konkurrenzprojekt zu der o.g. Pipeline nach Pakistan), und während ihres Besuchs in Pakistan im November 1997 distanzierte sie sich sehr deutlich von den *taliban*. Anfang 1998 schienen die Weichen für ein verstärktes Engagement der UN für eine Verhandlungslösung des Afghanistankonflikts, das sich diesmal auf die Überbrückkung der Differenzen zwischen Iran und Pakistan konzentrieren würde, gestellt. Iran erteilte seine Zustimmung für eine Initiative Pakistans, die *taliban* zu ersten direkten Verhandlungen mit der Nordallianz in Islamabad zu bewegen. An dem Zustandekommen der Islamabad-Konferenz (27.4.-3.5.1998) hatten auch die USA einen wichtigen Anteil.

Die unüberbrückbaren Differenzen zwischen den *taliban* und der Nordallianz verurteilten jedoch auch diese Initiative zum Scheitern, so daß sich die *taliban* erneut die Uneinigkeit ihrer Gegner zunutze machen konnten. Am 12.7.1998 eroberten sie Maimana, den Hauptort der Provinz Faryab, und bis zum 8.8.1998 Mazar-e Scharif. Hier verübten sie als Vergeltung für ihre eigenen Opfer vom Vorjahr ein tagelanges systematisches Massaker an den örtlichen Hazaras, dessen Ausmaß erst im Laufe der folgenden Wochen bekannt wurde. Die Anzahl der Opfer wird auf bis zu 8.000 Menschen geschätzt (Dawn 2.11.1998). Zudem demütigten die *taliban* Teheran mit der Verhaftung einiger Dutzend iranischer Lastwagenfahrer, denen sie Transport von militärischem Nachschub für ihrer Gegner vorwarfen, und mit der Besetzung des iranischen Konsulats in Mazar-e Scharif. Obwohl Irans Regierung bis zum Eingeständnis der Ermordung zehn iranischer Diplomaten durch die *taliban* am 10.9.1998 noch davon ausgegangen war, diese seien am 8.8.1998 lediglich entführt worden, und Pakistan für ihre

---

für Massaker an Gefangenen im Mai 1997.

124

Sicherheit haftbar machen wollte, reagierte sie bereits am 16.8.1998 mit der Ankündigung großer Militärmanöver entlang der afghanischen Grenze.

6. Iran an der Schwelle zu offener militärischer Intervention

Die *taliban* setzten ihren Siegeszug mit der Eroberung von Mas'uds Nachschubbasis Taloqan (11.8.1998), des Grenzübergangs nach Usbekistan Hairatan (12.8.1998) und weiteren Schlüsselpositionen fort und ließen sich scheinbar selbst durch den Aufmarsch von 70.000 iranischen Soldaten und Revolutionswächtern in der Grenzprovinz Khorassan ab 1.9.1998 kaum beeindrucken. Ihr Außenminister verurteilte Irans Drohungen „unter dem Vorwand seiner vermißten Spione" und drohte seinerseits mit Gegenschlägen auf iranisches Staatsgebiet, sollten Irans Truppen die Grenze überschreiten (31.8.1998). Bis zum 13.9.1998 gelang den von Norden her vorrückenden *taliban* sogar die Einnahme des Hazaradjat-Hauptorts Bamian, was einen neuen Tiefpunkt des iranischen Einflusses auf den afghanischen Kriegsschauplatz markierte. Khamenei beschuldigte Pakistan, mit seiner Luftwaffe die *taliban*-Offensive vor Bamian unterstützt zu haben.

Angesichts des seit dem 8.8.1998 gewachsenen Volkszorns in Iran gegen die *taliban* und Pakistan, der beim Begräbnis der nach Teheran überführten Diplomaten am 17.9.1998 einen Höhepunkt erreichte, war für die Hardliner innerhalb der iranischen Führung die Versuchung einer offenen Intervention sehr groß. Einer Invasion der iranischen regulären Streitkräfte hätten die höchstens 10.000 entlang der iranischen Grenze postierten *taliban* militärisch wenig entgegensetzen können. Die Bevölkerung im Nordwesten Afghanistans, besonders in Herat, hätte eine iranische Intervention vermutlich sogar als eine Befreiung von der *taliban*-Herrschaft mehrheit-

lich begrüßt. Zudem hätte ein Krieg im Nachbarland den iranischen Hardli-
nern einen Vorwand geliefert, die seit der Amtsübernahme des Präsidenten
Khatami im August 1997 eingeleitete Liberalisierung abzuwürgen und ihr
Land erneut auf einen Kurs „revolutionärer" Militanz einzuschwören.

Dennoch überwogen auch für Khamenei, dem als „Revolutionsführer"
und Oberbefehlshaber der Streitkräfte die letzte Entscheidung oblag, die
Argumente der Gegner einer Intervention. Auch wenn Iran kaum einen
„Krieg von 20 Jahren" riskiert hätte, wie von *taliban*-Führer Mullah Omar
angedroht, so doch eine lang anhaltende Verwicklung, bei der die Gefahr
bestand, daß sich die afghanischen Verbündeten selbst gegen die Iran wen-
den würden, um die Unabhängigkeit des Landes zu verteidigen. Den *taliban* und ihren pakistanischen Verbündeten wäre es vermutlich auch gelungen, den Konflikt zu einem Konfessionskrieg zwischen Sunniten und Schiiten zu stilisieren, was schwere Rückwirkungen auf Irans Beziehungen zur
islamischen Staatenwelt gehabt hätte. Nach gerade erst gelungener „voller
Rehabilitierung" Irans in der islamischen Welt - symbolisiert durch die 8.
Gipfelkonferenz islamischer Staaten in Teheran im Dezember 1997 - hätte
Iran eine schlimmere regionale Isolierung als während des Golfkriegs
(1980-1990) gedroht. Anders als im Falle des Verteidigungskriegs gegen
den Irak hätte auch die iranische Bevölkerung einen Krieg in Afghanistan
nicht mehrheitlich unterstützt - zumal angesichts einer seit Jahren immer
kritischer werdenden wirtschaftlichen Krise im eigenen Land.

Iran beließ es bei militärischen Drohgebärden, die Anfang November
1998 in einem Aufmarsch von insgesamt 270.000 Soldaten entlang seiner
Ostgrenze kulminierten. Gleichzeitig verstärkte sich der internationale
Druck auf die *taliban*, u.a. auch von Pakistan und Saudi-Arabien, Iran poli-

tisch entgegenzukommen. Bei einem Treffen mit dem UN-Sondergesandten Lakhdar Brahimi am 14.10.1998 versprach Mullah Omar die Freilassung aller noch verhafteten Iraner und Verhandlungsbereitschaft. Iran konnte sowohl bei den 6+2 Verhandlungen in New York als auch im UN-Sicherheitsrat Resolutionen durchsetzen, die die *taliban* zur Beachtung internationaler Normen und zum politischen Kompromiß mit ihren Gegnern aufforderten (Dawn 22.10. u. 10.12.1998). Wohl am wichtigsten aus iranischer Perspektive war, daß auch der militärische Siegeszug der *taliban* gestoppt wurde. In den Nordprovinzen gelang es den Truppen von Mas'ud mit logistischer Unterstützung aus dem Iran ab Oktober 1998 eine Reihe von strategisch wichtigen Orten zurückzuerobern, während sie den Druck auf die *taliban* nördlich von Kabul unvermindert aufrecht erhalten konnten. Bemerkenswert war in diesem Zusammenhang ein erster offener Besuch Mas'uds in Teheran am 31.10.1998.

Anfang 1999 scheint sich in Afghanistan erneut ein militärisches Patt eingespielt zu haben, mit dem Iran leben kann. Die schweren Verluste der mit dem Iran verbündeten Volksgruppen im Sommer und Herbst 1998 haben deren Widerstandswillen nicht gebrochen. Auch haben die *taliban* wachsende Schwierigkeiten, ihre Herrschaft in den nicht-paschtunischen Siedlungsgebieten zu konsolidieren. Irans Führung hat der Versuchung widerstanden, sich in eine offene Konfrontation verwickeln zu lassen, und setzt statt dessen die weniger aufwendige und politisch risikolose Strategie des Stellvertreterkriegs bei gleichzeitig ständiger Bereitschaft zum Aushandeln einer politischen Lösung fort. Pakistans zweifellos noch stärkere Eimischung in den afghanischen Konflikt hat dagegen bis heute nicht ihr Ziel einer Öffnung der Transitwege nach Zentralasien erreichen können.

Zitierte Literatur

AHADY, Anwar-ul-haq (1998): Saudi Arabia, Iran and the Conflict in Afghanistan. In: William MALEY (Hrsg.): *Fundamentalism Reborn? Afghanistan and the Taliban.* London: 117-134

CORDOVEZ, Diego/HARRISON, Selig (1995): *Out of Afghanistan: The Inside Story of the Soviet Withdrawl.* New York u.a.

DAVIS, Anthony (1998): How the Taliban Became a Military Force. In: William MALEY (Hrsg.): *Fundamentalism Reborn? Afghanistan and the Taliban.* London: 43-71

HARPVIKEN, Kristian Berg (1995*): Political Mobilization Among the Hazara of Afghanistan: 1978-1992.* Oslo (Cand. polit. thesis, Dept. of Sociology, Univ. of Oslo)

MACKENZIE, Richard (1998): The United States and the Taliban. In: William MALEY (Hrsg.): *Fundamentalism Reborn? Afghanistan and the Taliban.* London: 90-103

MOUSAVI, Sayed Askar (1998*): The Hazaras of Afghanistan. A Historical, Cultural, Economic and Political Study.* Richmond

POHLY, Michael (1998): Die Nordallianz. In: Citha D. MAASS/Johannes REISSNER (Hrsg.): *Afghanistan und Zentralasien. Entwicklungsdynamik, Konflikte und Konfliktpotential. Teil B: Hintergrundanalysen.* Ebenhausen: 45-84

RASHID, Ahmed (1997): The Turkmenistan-Afghanistan-Pakistan Pipeline. In: *The Nation*, Lahore, 7.11., 9.11., 11.11., 12.11., 13.11.

RIECK, Andreas (1997a): Afghanistan's Taliban: An Islamic Revolution of the Pashtuns. In: *Orient* 38 (1): 121-142

RIECK, Andreas (1997b): Die Taliban und der neue Stellvertreterkrieg in Afghanistan. In: Thomas KOSZINOWSKI/Hanspeter MATTES (Hrsg.): *Nahost Jahrbuch 1996.* Opladen: 209-214

WAKIL, Abdul (1991): Iran's Relations with Afghanistan after the Islamic Revolution. In: *Orient* 32 (1): 97-11

Die Bewegung der Afghanistan-Veteranen im militanten Islamismus und das Phänomen Osama Ben Laden

Astrid von Borcke

1. Unvorhergesehene Folgen eines Triumphs der Geheimdienste

Der sowjetische Truppenabzug aus Afghanistan schien zunächst wie ein spektakulärer Erfolg von Washingtons größtem *covert actions* Programm seit dem Zweiten Weltkrieg: Über CIA-Kanäle waren an Pakistans Militärgeheimdienst ISI (*Interservices Intelligence Directorate*) über 3 Mrd. Dollar zur Unterstützung der *mudjahedin* geschleust worden. Doch der Triumph der sog. Reagan-Doktrin mit ihrer Unterstützung von anti-sowjetischen Guerillabewegungen hatte in Afghanistan unerwartete Folgen: Die Entstehung der Bewegung der Afghanistan-Veteranen im militanten Islamismus (Bruce 1995a; von Borcke, 1996; Faath/Mattes 1996). Diese Bewegung, die zunächst wie ein rein regionales Problem der Regierungen der mittel- und nahöstlichen Staaten erschien, hat sich inzwischen „globalisiert".

Die Schätzungen der Zahl dieser Afghanistan-Veteranen gehen recht weit auseinander und reichen von 10.000 bis über 25.000 Mann (P, Mai 1995: 3; Barylski 1994: 395).[1] Bereits 1992 hatte der moderate *mudjahedin*-Führer Pir Sayyed Ahmed Gailani gewarnt, in Afghanistan drohe ein „Super-Libanon", ein Zentrum des Drogenhandels und des internationalen Terroris-

---

[1] Allein die Zahl der saudi-arabischen *mudjahedin* wird auf 20.000 Mann geschätzt. Wenigstens 10.000 *mudjahedin* waren 1995 in anderen Konflikten aktiv (P, Mai 1995: 3).

mus (Sp, 13.7.1992). Ein Jahr später bestätigte ein amerikanischer Experte: „Wir haben aus der Region das Zentrum des Weltterrorismus gemacht" (L'Ex, 2.12.1993: 23).

Der Krieg gegen die Sowjetmacht hatte Kämpfer aus der gesamten islamischen Welt angezogen. In diesen Kreisen gab es die Hoffnung, nach der iranischen Revolution von 1979, die dem Islamismus großen Auftrieb gegeben hatte, nun auch eine potentiell noch weitreichendere Sunni-Revolution zu lancieren. Mit dem Abzug der Sowjets aus Afghanistan (1989) tauchten ehemalige Afghanistan-Kämper in allen *hot spots* der islamischen Welt auf.

Eine Folge des andauernden Bürgerkriegs war, daß Afghanistan weiterhin als Ausbildungsstätte und Refugium für „Kämpfer" aller Art fungierte. 1994 soll es dort 20 Ausbildungslager gegeben haben. Dabei spielte die radikale, überwiegend paschtunische *hezb-e islami* („Islamische Partei") Gulbuddin Hekmatyars zunächst die Schlüsselrolle - schon weil sie die Hauptempfängerin der amerikanischen Mittel gewesen war.[2] Diese „zweite Generation" überwiegend arabischer „Afghanen" kam oft nur für eine bestimmte Ausbildungszeit ins Land. Sie waren Funktionselemente in einem internationalen Netzwerk (Faath/Mattes 1996).

Obgleich Pakistan, von Ägypten und moderaten arabischen Staaten ebenso wie von den USA unter Druck gesetzt, seit 1992 arabische „Afghanen" drängte, die Region zu verlassen, schienen deren Netzwerke zumindest bis 1995 intakt (B. Philip in: M, 24.5.1995). Erst die *taliban* behaupteten mit Blick auf die erstrebte internationale Anerkennung, daß sie Lager geschlossen hätten. Doch wie der amerikanische *Cruise Missile*-Angriff auf das La-

---

[2] Der ISI, der für die Verteilung der amerikanischen Gelder zuständig war, soll angeblich

ger der *harakat al-mudjahedin* (bzw. *al-Ansar*) bei Khost am 20.8.1998 verdeutlichte, wechselten die Ausbildungslager zum Teil nur die Hände.

Tadschikistan

Während der sowjetischen Besatzung Afghanistans hatte im April 1987 ein Einfall von *„Doschmanen"* („Feinden", also *mudjahedin*) über den Pandj in sowjetisches Gebiet Aufsehen erregt (KZ, 23.4.1987; v. Borcke 1987: 262ff.). Im August 1989 warnten KGB-Chef Wladimir Krjutschkow und Außenminister Edward Schewardnadse, ein Machtantritt von „Fundamentalisten" in Afghanistan würde negative Auswirkungen auf sowjetisch Zentralasien haben.[3]

Wie eine erste Folge des Siegs der afghanischen *mudjahedin* wirkte daher der tadschikische Bürgerkrieg. Doch hatte er seine ganz spezifischen internen Ursachen: Es war ein Kampf regionaler Eliten um die politische Vormacht vor dem Hintergrund einer tiefgreifenden sozialen und ökonomischen Krise. Der ehemalige KP-Chef Tadschikistans, Rahmon Nabijew, warnte: Sollte er von „Fundamentalisten" gestürzt werden, wäre das eine Gefahr für gesamt Zentralasien.[4]

Rein quantitativ erschien die Präsenz afghanischer *mudjahedin* zunächst kaum entscheidend. Hekmatyar soll in Tadschikistan 20 Ausbilder

---

bis 60% von diesen an seinen Favoriten Hekmatyar weitergegeben haben.

[3] „Die pakistanischen Geheimdienste versuchen, mit Hilfe afghanischer Oppositionsgruppen eine antisowjetische, pro-islamische Propaganda auf dem Territorium der UdSSR zu entfalten. Dabei wurde sogar die Idee der Wiederherstellung eines islamischen Staats mit der Hauptstadt Buchara vorgebracht" (Allan et al. 1995: 692).

[4] Hinter den Beschwörungen islamistischer Subversion stand auch politisches Kalkül: Der usbekische Präsident Islam Karimow benutzte solche Szenarien zur Legitimierung seines autoritären Regimes.

unterhalten haben. Die Gesamtzahl der *mudjahedin* schätzte ein westlicher Beobachter 1993 auf 500-600 Mann (Martin 1993) - eine Anzahl, die selbst in der kleinen Republik nicht „kritisch" wirkte.[5] Ahmad Schah Mas'ud, ein Tadschike, nach seiner Haltung zum tadschikischen Bürgerkrieg befragt, erklärte: „Zunächst einmal sind wir Afghanen. Was uns motiviert, ist der Kampf für unsere internen Interessen. Später wird man sehen" (F, 2.1.1992). Mas'ud, den der sowjetische Militärgeheimdienst GRU als leidenschaftlichen Nationalisten eingeschätzt hatte (Iz, 28.4.1992), berichtete, daß seine Kämpfer in der Nachbarrepublik nicht aktiv gewesen seien, schon weil seiner Gruppierung dazu die Kraft gefehlt habe. Er konzedierte allerdings, psychologisch hätten die afghanischen Geschehnisse dort großen Eindruck gemacht (Gall 1994: 144).

Nach dem Sieg der Kuljabi-Volksfront in Tadschikistan Ende 1992 strömten zwischen 60.000 und 100.000 Flüchtlinge nach Nordafghanistan. Anfang 1993 wurde in Taloqan, der Hauptstadt der von Mas'ud beherrschten Provinz Tachar, das Hauptquartier der bewaffneten tadschikischen Opposition unter Said Abdullah Nuri eingerichtet (Le Vine, in: WP, 27.4.1993). Allem Anschein nach war dies nicht mehr als ein Zweckbündnis, da Mas'ud offenbar für die Bereitstellung einer Operationsbasis Waffen erhielt. Nuri war zu Sowjetzeiten wegen Kollaboration mit der *hezb-e islami*, der Partei von Mas'uds langjährigem Rivalen Hekmatyar, inhaftiert worden.

---

[5] Ein tadschikischer Beobachter berichtete jedoch: 1992-1994, als sich die terroristischen Organisationen herausbildeten, kämpften in der „kommunistischen" Volksfront ca. 30% Russen, einschließlich russischer Instrukteure und Männer des militärischen Geheimdienstes GRU. Doch mindestens die doppelte Zahl von ausländischen Instrukteuren, Saboteuren und Terroristen habe es in den Reihen der islamistischen Opposition gegeben: Männer aus Saudi-Arabien, dem Sudan, Afghanistan, usw. (Olimov 1998).

Genau zu der Zeit, als das tadschikische Oberkommando in Taloqan eingerichtet wurde, tauchten der ehemalige ISI-Chef Hamid Gul, der von Benazir Bhutto 1989 abgesetzt worden war, und Qazi Hussein Ahmed, der Führer der islamistischen *djama'at-e islami* Pakistans, die dem ISI als politische Front diente, dort auf. Diese Männer zählten zu Mas'uds Hauptgegnern. Es war bezeichnend, daß sich die Islamistenführer nach ihrer Flucht aus Tadschikistan nicht an Mas'ud wandten, sondern an Hekmatyar in Djalalabad, an Pakistan und den Iran.

Mas'ud konnte allerdings den Geschehnissen in Tadschikistan nicht den Rücken zukehren. Das Nachbarland war im Krieg seine Hauptnachschubbasis geworden. Es hieß, Kämpfer der tadschikischen Opposition wären anhand von Broschüren ausgebildet worden, die das afghanische Verteidigungsministerium unter Mas'ud herausgegeben hatte, und sie hätten zum Teil in Uniformen seiner Kämpfer gesteckt (Rubin 1993-1994: 85).[6] Die tadschikische Opposition soll über ca. 13.000 Kämpfer verfügt haben. Die finanzstarke *hezb-e islami* unterstützte die islamischen Gegner Nabijews am stärksten (Hetmanek 1993: 369; S, 13.8.1993).

Mas'ud und sein politischer Verbündeter Rabbani erkannten, daß die Tadschiken als Hauptopfer der Konflikte in der Region Gefahr liefen, zu neuen „Kurden" zu werden. Rabbani plädierte bei seinem Besuch in Duschanbe Ende 1993 für eine Aussöhnung. Im gleichen Jahr verpflichtete

---

[6] Für den Zwischenfall vom 13.07.1993 an der Grenze zu Tadschikistan im Gebiet Moskowskoje, der auf Rußland wie ein *casus belli* wirkte, ist Mas'ud wohl nicht verantwortlich gewesen (von Borcke 1994). Vor diesem Überfall, der von dem von Mas'ud gar nicht voll kontrollierten Kunduz, wo neben der *hezb-e islami* auch Araber aktiv waren, ausging, waren wieder Hamid Gul und Qazi Hossein Ahmad im Hauptquartier der tadschikischen Opposition in Taloqan aufgetaucht (Rubin 1995: 85).

er sich auch in Kairo, dafür zu sorgen, daß sein Land nicht Ausgangspunkt für terroristische Bewegungen würde. Ab 1994 zählte das neue Regime in Duschanbe unter dem Ex-Feldkommandanten der „Volksfront" und früheren Sowchoz-Leiter Imamali Rahmonow bereits auf die Unterstützung Kabuls.[7] Mas'ud erhielt dafür nach seinem „strategischen Rückzug" aus Kabul im September 1996 die Unterstützung des Rahmonow-Regimes, das ihm einen Flughafen im südtadschikischen Kuljab, dem Heimatort und der Machtbasis Rahmonows, zur Verfügung stellte.[8]

Mas'ud ist nach der erneuten Einnahme Mazar-e Scharifs durch die *taliban* am 08.08.1998 und der Flucht Dostums zum afghanischen Hauptverbündeten Tadschikistans, des Iran und Rußlands aufgerückt. Angesichts des Vormarschs der *taliban* hat sich auch Usbekistan wieder verstärkt an Moskau anzulehnen versucht, gleichzeitig aber signalisiert, daß es sich mit der Vorherrschaft der *taliban* abfinden könnte.[9] Turkmenistan, das von dem 2 Mrd. Dollar-Projekt einer transafghanischen Pipeline am stärksten profitieren würde, demonstriert gegenüber den *taliban* positive Neutralität. Rußland kann Mas'ud heute allenfalls moralisch-politisch und mit Waffen unterstützen. In seiner jetzigen Lage ist es zu einem weiterreichenden Engagement

---

[7] Das Rabbani-Mas'ud-Regime unterstützte im Frühjahr 1995 ein erstes Treffen zwischen dem tadschikischen Präsidenten und Nuri (FHSA, 20.5.1995). Als schließlich am 27.06.1996 in Moskau ein Friedensabkommen für Tadschikistan unterzeichnet wurde, war auch ein Vertreter Kabuls präsent.
[8] Inzwischen war es zu positiven Kontakten mit Moskau gekommen: Es heißt, Aleksandr Lebed, damals Leiter des russischen Sicherheitsrats, habe bei dem Zustandekommen der Anti-*taliban*-Allianz entscheidend mitgewirkt (Z, 18.10.1996; v. Borcke 1998).
[9] In den Augen Karimows sind die Tadschiken die größere Gefahr, da eine tadschikische Irredenta eines Tages die alten tadschikischen Kulturzentren Buchara und Samarkand zurückfordern könnte.

kaum fähig und aufgrund seiner Erfahrungen auch schwerlich bereit.[10]

Nagornyj Karabach

In Nagornyj Karabach, der christlich-armenischen Enklave, die Stalin dem islamischen Azerbaidschan zugeschlagen hatte, war 1987-88 eine Massenbewegung zugunsten des Wiederanschlusses an Armenien aufgekommen. Im Spätsommer 1993 berichtete Mas'ud unter Verweis auf „unsere Hezbis", daß Hekmatyar afghanische Söldner für den Kampf in Azerbaidschan anwerbe.

Die Krise um Nagornyj Karabach brachte Gaidar Alijew wieder an die Macht, einen ehemaligen KGB-Chef der Ex-Sowjetrepublik. Alijew bestätigte ein Abkommen, das noch von der azerbaidschanischen Volksfront abgeschlossen worden war, wonach afghanische *mudjahedin*, die in Pakistan nicht mehr willkommen waren, sich im Kampf gegen die christlichen Armenier Geld verdienen konnten (M, 1.2.1994).[11] Die Afghanen halfen den Azerbaidschanern bei der Einnahme von Goradiz (bei Stepanakert). Bis Sommer 1994 soll ihre Zahl auf 2.500 Mann angewachsen sein. Nach schweren Verlusten in Kämpfen gegen die armenischen Streitkräfte wurde 1994 die „Afghanische Division" aufgelöst (MN, 10.-16.6.1994).

---

[10] Ein gemeinsames russisch-tadschikisches Militärmanöver an der afghanischen Grenze sollte wohl eher das Rahmonow-Regime beruhigen als die *taliban* abschrecken.
[11] Der russische Auslandsnachrichtendienst berichtete, daß seit September 1993 1.500 Afghanen nach Azerbaidschan gekommen waren (Malašenko 1994: 102).

Tschetschenien

Das Dudajew-Regime in Tschetschenien, das zunächst eine säkulare Demokratie angestrebt hatte, sich aber in seinem Streben nach Unabhängigkeit
international isoliert sah, versuchte daraufhin, Unterstützung in der islamischen Welt zu finden.[12] Mit Hilfe der *hezbollah* und des iranischen Geheim-
diensts sollen afghanische *mudjahedin* und iranische Freiwillige ins Land
gekommen sein, speziell zu den Basen von Schamil Basajew.[13] Dieser soll
nach Afghanistan geflogen sein, um Hekmatyar zu treffen. Er hatte auch
Kämpfer von dessen *hezb-e islami* ausbilden lassen (SWB, FE/2338 A/1).[14]
1995 erklärte ein Sprecher des russischen Föderalen Sicherheitsdiensts, daß
bewaffnete Einheiten aus Afghanistan und Jordanien auf Dudajews Seite
kämpften (OMRI, part I, 15.8.1995).[15]

Der Mufti von Tschetschenien-Itschkerien, Achmad Hadschi Kadyrow,
berichtete auch von „wahabitischen" Einheiten (I. Rotar, in: NG,
11.8.1998). Der prominenteste „wahabitische" Feldkommandant ist der etwas über dreißig Jahre alte Amir Chattab, Sproß einer jordanischen Familie

---

[12] Dabei spielte die gewichtige tschetschenische Diaspora in Jordanien eine Rolle. Auch
die türkischen „Grauen Wölfe" zeigten Solidarität. Die islamistische Wohlfahrtspartei der
Türkei soll Ausbildungslager für islamische Kämpfer unterhalten haben.
[13] Basajew ist durch die Geiselnahme einer Klinik in Budjonnowsk im Juni 1995 berühmt
geworden. Mit dieser Aktion hat er Moskaus Verhandlungsbereitschaft erzwungen.
[14] Basajew, der Dschochar Dudajew nahe gestanden hatte (M, 25.4.1996), wurde im
vergangenen Januar von Aslan Maschadow sogar zum Ministerpräsidenten ernannt, ist
aber bereits im Juli 1998 wieder zurückgetreten, da ihm u.a. Maschadows Haltung Rußland gegenüber zu konziliant erschien.
[15] Ein russischer Geheimbericht bestätigte 1996, daß Kämpfer Dudajews von Instrukteuren aus Afghanistan, Azerbaidschan und von Palästinensern ausgebildet worden seien (Iz,
12.5. 1996). Angesichts der zahlreichen Entführungen in Tschetschenien 1997 bestätigte
auch das *Department of State*: Die Aufständischen hätten weiterhin Unterstützung von
mudjahedin „mit weitreichenden Beziehungen zu mittelöstlichen und südwestasiatischen
Terroristen" (U.S. Department of State 1998: 17).

des gehobenen Mittelstands.[16] In einem Interview befragt, ob er eine militärische Ausbildung erhalten habe, antwortete er: „Nein, ich war in Afghanistan und habe tadschikischen Flüchtlingen geholfen". Das sei seine „Schule" gewesen (MN, 16.-22.4.1998).[17]

Bosnien

Als über Jugoslawien ein Waffenembargo verhängt wurde, geschah das auf Kosten der bosnischen Muslime. Iran kam diesen via Kroatien - mit stillschweigender Billigung Washingtons - zur Hilfe. Die Bosnier hatten sich vor dem Ausbruch des Kriegs im April 1992 als Europäer empfunden; anfangs gab es sogar Widerstand gegen das Eindringen von *mudjahedin*. Da aber die Serben bei ihren „ethnischen Säuberungen" unter dem Banner christlicher Symbole vorgingen, wurden die Bosnier in die „islamische Ecke" gedrängt (Duran 1997). Daher gab es bald auch in Bosnien eine „Islamische Legion" (Pr, 24.9.1992) mit Kämpfern aus Afghanistan, Ägypten, Algerien usw.. Französische Geheimdienstquellen berichteten von Zentren für Guerilla, in denen Afghanistanveteranen als Ausbilder arbeiteten (IHT, 29.8.1996). 1993 kämpften einige hundert *mudjahedin* in der 7. Brigade der bosnischen Armee, wurden aber nicht von Sarajewo kontrolliert (M, 17.12.1993). Zenica, nördlich von Sarajewo, war drei Jahre lang das Hauptquartier einer *mudjahedin*-Kompanie. Bezeichnenderweise fiel dort ein Riesenporträt Hekma-

---

[16] Chattab wurde in Tschetschenien berühmt, als seine Kämpfer im März 1996 eine russische Elitetruppe bei Jarysch-Mardy vernichteten.
[17] Chattab hat in Dagestan ein Ausbildungslager für Guerilla eingerichtet. Schamil Basajew ernannte ihn kürzlich zu seinem außenpolitischen Berater. Chattab befehligt inzwischen Basajews Streitmacht. In Moskau wird Chattab verdächtigt, ein Friedensabkommen unterlaufen zu wollen (E. Krutikov, S., 10.1.1998).

tyars auf (Pr, 24.9.1992).

Das Dayton-Abkommen von 1995 forderte den Abzug der *mudjahedin*. Doch auch nachdem das formal geschehen war, rechnete IFOR, die *Implementation Force* der NATO, mit Anschlägen durch *mudjahedin*. Denn einige *mudjahedin* waren im Land geblieben, da sie einheimische Frauen geheiratet hatten.

Kaschmir

Nach dem Ende des afghanischen *djihad* wandten sich viele radikale Muslime Kaschmir, dem ständigen Krisenherd zwischen Pakistan und Indien, zu (Howard 1997: 467). Bei den Kämpfen in Kaschmir hatte unter den ausländischen Elementen zunächst die von ISI favorisierte *hezb-e islami* eine führende Rolle gespielt. Seit 1990 hatte die pakistanische Islamistenpartei *djama'at-e islami* Mittlerfunktionen zwischen den verschiedenen Gruppierungen übernommen. Inzwischen hat *harakat al-ansar* besondere Bedeutung erlangt.[18] Dies ist der militärische Flügel der *djam'iyat-e ulema-ye islami*, die die „Konkurrenzpartei" der mit dem ISI verbündeten *djama'at-e islami* ist und die auch die afghanischen *taliban* unterstützt.[19]

Unter den anti-indischen Kämpfern gab es Ende 1995/Anfang 1996 einen Kommandowechsel zugunsten von Ausländern. Inzwischen aber ist die Zahl islamischer „Internationalisten" von über 5.000 Mann auf wahrscheinlich weniger als 1.000 zurückgegangen.

---

[18] Umbenannt zu *harakat al-mudjahedin*, nachdem die Gruppierung 1997 vom *State Department* auf die Liste terroristischer Vereinigungen gesetzt worden war.
[19] Im Bund mit dieser mit Bhutto liierten Partei hatte der pakistanische Innenminister Nasirullah Babar mit dem Projekt „*taliban*" nicht zuletzt auch das ISI-Monopol über

138

Xinjiang

Seit 1989 hat sich auch in Xinjiang, wo sich die Uighuren gegen die Bevor-
mundung und Überfremdung durch Han-Chinesen wehren, eine militante
islamische Bewegung gebildet.[20] Einige Mitglieder dieser Bewegung hatten
im afghanischen *djihad* mitgekämpft, wo sie mit Vertretern des internationalen Islamismus in Berührung kamen. Ungeachtet der Fragmentierung der
islamischen Opposition und der Aussichten auf künftiges wirtschaftliches
Wachstum in der Region könnte Peking hier in absehbarer Zeit mit seinem
„Nordirland" konfrontiert werden (Davis 1996: 421).

Philippinen

Auf den Philippinen hat sich die radikal-islamische Opposition *Abu Sajjaf*
gebildet, die den 1992 eingeleiteten Ausgleich der *Moro Liberation Front*
mit Manila nicht akzeptiert und auf Mindanao einen islamistischen Staat errichten will. Eine Attacke auf die christliche Stadt Ipil im April 1995, bei der
über fünfzig Menschen ums Leben kamen, wurde von der „Mullah Brigade"
durchgeführt, einer Gruppe von 30 jungen Muslimen, die zur Ausbildung
nach Peschawar geschickt worden waren (IHT, 26.5.1995).[21]

Pakistans Afghanistan-Politik brechen wollen.

[20] Für China ist das dünn besiedelte Xinjiang als seine Hauptrohstoffquelle Basis seiner
nuklearen Kapazität sowie Brücke zu den neuen zentralasiatischen Staaten von größter
strategischer Bedeutung, weshalb es gegen die Widerstände der Uighuren mit äußerster
Härte durchgegriffen hat.

[21] Die Bewegung ist von nahöstlichen Sponsoren, u.a. Osama Ben Laden, finanziert
worden. Ramzi Ahmed Yousef, der Bombenbauer beim Anschlag auf das *World Trade
Center*, ebenfalls mit Beziehungen zu Ben Laden, wollte die Philippinen für seinen Plan
einer großen Kampagne gegen Passagiermaschinen im pazifischen Raum nutzen. Auch
war ein Anschlag auf den Papst bei dessen Besuch 1995 geplant. Ben Laden soll noch
dazu ein Attentat auf den amerikanischen Präsidenten Clinton anläßlich dessen Staatsbe-

Algerien

Eine wichtige Rolle spielten Afghanistan-Veteranen im algerischen Bürgerkrieg, der nach westlichen Schätzungen inzwischen über 70.000 Menschen-
leben gefordert hat. Die Inhaftierung der Hauptführer der FIS (*Front islami-
que du salut*) trug entscheidend zur „Afghanisierung" der militanten Opposition bei, da die bestehenden Befehls- und Kommunikationsstränge zerstört
wurden. Speziell die terroristischen GIA (*Groupes islamiques armées*) - ein
Netzwerk von Gruppen, das Anfang der 90er Jahre gegründet wurde - waren
von Afghanistan-Veteranen geprägt: Ihre Führer - Tajeb Al-Afghani, Sid
Ahmad Mourad, Jamel Zitouni - sind Afghanistan-Veteranen (Faath/Mattes
1996: 17). Diese Bewegung, deren Mitgliederzahl heute zwischen ein paar
hundert und ein paar tausend Mann liegen dürfte, scheint inzwischen zersplittert und weitgehend aufgerieben: Jedenfalls mußte sie ihren Operations-
raum einschränken.[22]

Ägypten

Auch in Ägypten bewirkte die Rückkehr von Afghanistan-Veteranen das
Aufflammen terroristischer Bewegungen. Hier waren seinerzeit über 4.000
Mann in Lagern ausgebildet worden, um in Afghanistan als *mudjahedin* zu
kämpfen (Titorenko 1995: 37). Seit Frühjahr 1992 erhielt der nur lose orga-
nisierte Untergrund, der sich seit 1977 *al-gama'a al-islamiya* nannte, neuen
Auftrieb. Zentrum der ägyptischen Bewegung ist die Stadt Asyut in Ober-

---

such in den Philippinen im November 1994 ins Auge gefaßt haben.
[22] Die GIA haben außerdem ein *Command and Control Center* in London unterhalten
(Whine 1988). Unterstützt worden ist sie auch von Auslandsalgeriern und, so behauptet
die algerische Regierung, von Iran und Sudan.

ägypten. Die neue Terrorbewegung führte Angriffe auf Kopten, Polizisten und auch auf Touristen durch. Afghanistan-Rückkehrer waren aktiv in Gruppierungen wie *tala'a al-fatah* („Avantgarde der Eroberung") und dem „Neuen *djihad*" unter Ayman Zawahri.[23] Die Bewegung *al-djihad*, von der Regierung fast ausgeschaltet, begann dank der Afghanistan-Heimkehrer wieder aktiv zu werden und die Streitkräfte, Polizei und Staatsverwaltung zu unterwandern.[24] *Al-djihad* bestand aus nicht weniger als 35 Gruppen, die im ganzen Land verbreitet waren (Michajlov 1994: 40). Die Bewegung unternahm technisch perfekte Angriffe auf hohe Regierungsbeamte. Die professionellsten dieser Kämpfer waren in Hekmatyars Lagern ausgebildet worden (A. Gresh in: MD, Dez. 1993). Auch die *gama'a* hatte noch ca. 200 Männer in Djalalabad. Zu Hekmatyars Protegés hat u. a. Chaled al-Islambuli gehört, der Bruder des hingerichteten Mörders von Sadat.[25]

Von Brutalität war das Massaker an 58 Touristen in Luxor im November 1997. Osama Ben Laden gilt als Hauptsponsor der Aktion, für die die *gama'a* die Verantwortung übernommen hat. Damit kam, wie beabsichtigt, der Tourismus, die zweitwichtigste Devisenquelle Ägyptens, mit Verlusten von über 1,5 Mrd. Dollar zum Erliegen. Eine weitere, nicht vorausgesehene

---

[23] Zawahri war als einer der ersten Ägypter nach Afghanistan gegangen und ist mit Osama Ben Laden verbündet. Seine Gruppe soll den Anschlag auf die ägyptische Botschaft in Islamabad im November 1995 organisiert haben.
[24] Es soll *al-djihad* sogar gelungen sein, die Abteilung, die für den Kampf gegen den Terrorismus zuständig ist, zu infiltrieren.
[25] Chaled al-Islambuli war 1990 Gastgeber für Scheich Omar Abdur-Rahman. Letzterer wird von *al-gama'a* wie auch von *al-djihad* als geistiger Führer anerkannt und auch von Osama Ben Laden verehrt. Abdur-Rahman war an dem Anschlag auf das *World Trade Center* (1993) wie zuvor an der Ermordung Sadats (1981) beteiligt. Hekmatyar, der ihn seinerzeit mit dem amerikanischen Botschafter in Pakistan bekannt gemacht hatte, bot ihm 1993 Asyl an.

Folge war, daß die militanten Islamisten mit dieser Aktion ihren Rückhalt in der ägyptischen Bevölkerung verloren.[26]

Djihad gegen den Westen

Von Hekmatyar heißt es, er habe bereits 1987 ein Abkommen mit Iran getroffen, seine Beziehungen zu den amerikanischen Diensten zu nutzen, um in Amerika, Kanada und Europa ein Netzwerk von Agenten aufzubauen (L'Ex, 2.12.1993: 23).

Der Anschlag auf das *World Trade Center* im Februar 1993 forderte 6 Tote. Doch hätte alles mit 10.000 Toten enden können, wenn - wie geplant - die beiden größten Wolkenkratzer New Yorks gegeneinander kollabiert wären. Hauptakteur war Ramzi Ahmad Yousef.[27] Der Verschwörung dürfte der Umstand entgegengekommen sein, daß es inzwischen in den USA 17 islamistische Zentren sowie hunderte „schlafender Agenten" gab (T, 20.2.1995; L'Ex, 2.12.1993).[28]

Der algerische Terror griff 1994-95 auch auf Frankreich über, das in den Augen der algerischen Opposition das Militärregime der FLN (*Front libération nationale*) unterstützte. Die Bombenkampagne von 1995 forderte

---

[26] Bis 1995 waren in Ägypten ca. 900 Personen dem Terror zum Opfer gefallen. Das Mubarak-Regime reagierte mit rigorosen Repressionen. Die Tatsache, daß es möglich war, die Welt-Bevölkerungs-Konferenz im Oktober 1994 ohne Zwischenfälle in Kairo abzuhalten, bewies, daß die Regierung nicht erfolglos gewesen war. Wichtige Führer der *gama'a* haben sich inzwischen von dem Terror gegen Zivilisten abgewendet. Statt dessen setzt die Bewegung nun auf den wachsenden Antiamerikanismus (Ec, 29.8.1998).
[27] Eine amerikanische Spezialistin vermutete, daß Yousef auch irakischer Agent gewesen sei, zumal irakische Geheimdienstler mitgewirkt hatten.
[28] Yousef war von Mitgliedern des Netzwerks von Scheich Abdur-Rahman ins Land gebracht worden, der mit dem Attentat offenbar gewaltsam eine Änderung der amerikanischen Nahost-Politik durchsetzen wollte (T, 16.10.1995: 56) und die „Feinde des Islam terrori-

10 Toten und 130 Verletzte. Spektakulär war die Entführung eines Passagierflugzeugs durch Mitglieder der GIA, deren Plan, die Maschine über Paris in die Luft zu sprengen, vereitelt wurde.

Die Bilanz

Sowohl nahöstlichen Regierungen als auch islamistischen Terroristen ist es nur zu recht, wenn die Bedeutung der „Afghanen" betont wird: Die Terroristen möchten als supranational agierende quasi-omnipotente Schattenmacht erscheinen; Regierungen bevorzugen es, auf Akteure von außen zu verweisen, da klar ist, daß tiefer liegende interne Ursachen, die wesentlich den Nährboden für Terrorismus schaffen - wie Mangel an Demokratie, Korruption, Arbeitslosigkeit und Armut - in absehbarer Zeit kaum behoben werden.

Im Nahen Osten sind die Wirkungen des islamistischen Terrorismus zwiespältig: Die Islamisten haben am ehesten in freien Wahlen gewonnen; Terror dagegen hat den staatlichen Rückgriff auf Ausnahmegesetze und die Repressivorgane gefördert. Aufgrund dieser Maßnahmen haben sich die Regime als überlebensfähiger erwiesen als erwartet. Auch waren die im Zuge der Globalisierung erzwungenen „Strukturreformen" in Anbetracht ihrer sozialen Kosten schwerlich von liberalen Regimen durchsetzbar und begünstigen den Autoritarismus - und womöglich auch den Terrorismus.

---

sieren" wollte. Abdur-Rahman wurde im Januar 1996 zu lebenslänglicher Haft verurteilt.

2. Osama Ben Laden: Der Bankier des *djihad*

Die bedeutendste Erscheinungen unter den arabischen „Afghanen" ist der etwa 42jährige saudi-arabische Multimillionär Osama Ben Laden.[29] Im Afghanistankrieg hatte Ben Laden enge Beziehungen zu Hekmatyar, mit dessen *hezb-e islami* die meisten Araber liiert waren.[30] Ben Laden hat ferner die Protektion des paschtunischen Feldkommandanten Djalaluddin Haqqani, des Führers der Region um Khost, genossen, der den Muslimbrüdern nahestehen soll und sowohl von ISI als auch den Saudis gefördert worden ist.

Seit seiner Rückkehr aus dem Afghanistankrieg ist Ben Ladens Ziel der Sturz der Saudi-Monarchie, die er für korrupt und einen „Agenten" Washingtons und des Zionismus hält. Im Februar 1998 gründete er in Afghanistan eine „Internationale Front zum Kampf gegen Juden und Kreuzritter". Dieser schlossen sich eine ganze Reihe radikaler Islamistenführer an: Rifaiʻi Taha von der ägyptischen *al-gamaʻa*; Ayman al-Zawahri von *al-djihad*; Mer Hamza, der Sekretär der pakistanischen *ulama*-Vereinigung; Fadl al-Rahman Khalil, Führer der *harakat al-ansar* bzw. *al-mudjahedin*; Scheich Abdel Salam Mohama, Führer der *harakat al-djihad* Bangladeschs (Al-Ahram Weekly, 5.3.1998; KStA, 20.8.1998).[31] Im Februar 1998 erließ „Scheich Ben Laden" die *fatwa*, Amerikaner in muslimischen Ländern, auch Zivilisten, zu töten. Seit amerikanische Soldaten im Zuge des *Desert Storm* (seit 1990) in Saudi-Arabien stationiert sind, avancierten die USA zu Ben

---

[29] „One of the most significant financial sponsors of Islamic extremist activities in the world today" (U.S. *Department of State* 1998).

[30] Auch mit Rabbani, so Pir Sayyed Ahmad Gailani, hatte Ben Laden gewisse Abkommen getroffen (*al watan al arabi*, 5.8.1996).

[31] Eine amerikanische *Grand Jury* stellte fest, daß Ben Ladens Netzwerk in 20 Ländern aktiv sei (IHT, 23.9.1998).

Ladens Feind Nummer eins. Denn hiermit sei dem Islam heiliger Boden entweiht worden - eine Meinung, die von der konservativen Geistlichkeit geteilt wird.

Die Bombenanschläge auf die amerikanischen Botschaften in Nairobi und Dar es-Salam - und das genau zum achten Jahrestag des Erscheinens der GIs in Saudi Arabien - haben Ben Laden als den wahrscheinlichen Drahtzieher schlagartig ins Licht der Weltöffentlichkeit gerückt.[32] Die Folge der Anschläge war, daß die Saudis die diplomatischen Beziehungen zu den *taliban*, Ben Ladens Protektoren, suspendierten.

Doch Osama Ben Laden ist für Saudi-Arabien ein heikles Problem. Sein Vater, ein Bauer aus dem Jemen, war durch Geschäfte im Bauwesen - vor allem Instandsetzung der heiligen Stätten in Mekka und Medina - zu einem der reichsten Männer des Landes aufgestiegen. Diese Familie ist eine der Stützen des Regimes, weshalb sich Riad sehr bemüht hat, Ben Laden von seinem revolutionären Treiben abzubringen. Doch Osama Ben Laden ist ein Überzeugungstäter, der sich schon früh durch eine besonders religiöse Haltung auszeichnete. Als die Sowjetunion im Dezember 1979 in Kabul intervenierte, reiste der 22jährige bereits Tage darauf nach Afghanistan. Prinz Turki al-Faisal, der Geheimdienstchef der Saudis, soll ihn in seinem Vorhaben unterstützt haben. Ben Ladens „Islamische Heilstiftung" unterstützte die afghanischen *mudjahedin* mit Millionen von Dollars (Davis, 1994: 328).[33]

---

[32] Nairobi gilt als ein wichtiges Zentrum der CIA-Präsenz in Ostafrika (Smyth 1998). In der Hauptstadt Ugandas soll ein weiterer, noch größerer Anschlag eben noch verhindert worden sein. Es war klar, daß solche technisch ungemein schwierigen Simultananschläge ohne ein weitverzweigtes Netzwerk mit erheblichen Mitteln nicht machbar gewesen wären; dazu waren nur die wenigsten terroristischen Vereinigungen in der Lage.

[33] Osama Ben Laden half den *mudjahedin* mit Spezialmaschinen im Festungsbau und soll

Vor allem aber wurde er der bedeutendste Geldgeber und Anwerber arabischer Kämpfer für den *djihad*.

Aus Afghanistan heimgekehrt, führte Ben Ladens vehemente Kritik an den saudi-arabischen Zuständen dazu, daß er ausgewiesen werden sollte. Sein langjähriger Freund Prinz Turki al-Faisal soll ihm 1991 zu einer Ausreisemöglichkeit über den Jemen verholfen haben. Ben Laden ging in den Sudan. Hier strebte der europäisch gebildete Doktor der Rechtswissenschaften, Hasan al-Turabi, *éminence grise* der seit 1989 regierenden Militärjunta, die Schaffung einer islamistischen Internationalen an. Im Sudan fanden auch zahlreiche Afghanistan-Veteranen Zuflucht, mit denen Ben Laden in Beziehung stand (Bruce 1995b: 460).[34]

1996 mußte Ben Laden den Sudan verlassen, da Khartum die Beziehungen zu Riad und Washington verbessern wollte. Am 18.05.1996 traf er mit seiner Familie und Hunderten seiner Kämpfer wieder in Afghanistan ein. Er wurde „Gast" der *taliban*. Mit den „Religionsstudenten" hatte Ben Laden bereits in bestem Einvernehmen gestanden noch ehe sie Djalalabad einnahmen, wo er zunächst lebte (Jordan Times, 6.10.1996).[35]

Die amerikanischen Raketenangriffe als Antwort auf die Bombenanschläge auf Nairobi und Dar-es Salam führten zu widersprüchlichen Reaktionen der *taliban*. Mullah Omar lehnte zunächst jegliche Auslieferungsge-

---

sich persönlich in Kämpfen durch besonderen Mut ausgezeichnet haben. Auch wurde er als Wohltäter der Witwen und Waisen bekannt.

[34] Ben Laden unterstützte das *National Islamic Front*-Regime finanziell erheblich.

[35] Eine kürzliche Meldung lautete, Ben Laden habe den *taliban*-Führer Mullah Omar bereits in den achtziger Jahren unterstützt, als der noch Prediger in Karatschi war. Mas'ud berichtete, Mullah Omar habe Ben Ladens jüngste Tochter geheiratet. Schließlich wird vermutet, Ben Laden, der in Djidddah Wirtschaftswissenschaften und Management studierte, verwalte die Finanzen der *taliban*.

suche ab, selbst wenn darüber Afghanistan verheert würde; dann aber bekundete er, daß er über Osama „erzürnt" sei und mahnte, es könne keine „zwei Emirate Afghanistan" geben. Die *taliban* wurden auch den USA gegenüber im Ton konzilianter, als sich die außenpolitischen und finanziellen Rückwirkungen der Attentate in Ostafrika abzeichneten. Ben Laden stürzte die *taliban* in eine kritische Lage: Abbruch der Beziehungen durch die Saudis, Suspendierung des Pipelineprojekts durch die amerikanische Firma Unocal.[36] Es zeichnete sich eine möglich Umstrukturierung der regionalen Allianzen ab: *De facto* Annäherung Washingtons an Teheran und Moskau sowie Isolierung Pakistans, das die *taliban* unterstützte.[37] Die *taliban* verliehen schließlich Ben Laden die afghanische Staatsbürgerschaft und erklärten, sollte Ben Ladens Schuld eindeutig nachgewiesen werden, wollten sie ihn selber aburteilen.[38]

Inzwischen hatten sich die Beschuldigungen gegen Ben Laden gehäuft. Er wurde verdächtigt, auch für den Anschlag vom November 1995 vor dem Gebäude der Nationalgarde in Riad, die von Amerikanern beraten wird, verantwortlich gewesen zu sein sowie für die Explosion in den Chobar-Towers bei Dhahran am 25.06.1996, bei der 19 Amerikaner ums Leben kamen.[39]

---

[36] Die Ölgesellschaften, von denen Unocal mit 37% der größte Teilhaber eines Konsortiums ist, sollen ebenfalls zur Finanzierung der *taliban* beigetragen haben.
[37] Inzwischen haben die *taliban* als Antwort auf diese diplomatischen Veränderungen einen Bund mit China geschlossen.
[38] Der Meldung, Ben Laden stünde bereits unter Hausarrest, hielt Mas'ud entgegen, Ben Laden lebe frei in Qandahar in derselben Straße wie Mullah Omar, dem er ein Haus gebaut habe.
[39] Die Saudis schlossen die Amerikaner von der Untersuchung aus. Vier angebliche Täter des Anschlags von Riad - junge, wenig gebildete Männer, die berichteten, sie hätten in Afghanistan gekämpft und seien von Ben Laden und anderen Dissidenten beeinflußt worden, - wurden öffentlich enthauptet. Die Explosion von Dhahran ist noch ungeklärt.

Ben Laden war auch Geldgeber von Ausbildungslagern im afghanischen Kunar, wo Freiwillige der ägyptischen Bewegungen *al-djihad* und *al-gama'a al-islamiya* trainiert haben (Kommersant, No. 23, 6.6.1996; abgedruckt in: RMM 8/1996: 94). *Al-djihad* und Ben Laden werden verdächtigt, in den Anschlag auf Präsident Mubarak 1995 in Adis Abeba verwickelt gewesen zu sein. Der Jemen vermutete, daß Ben Laden hinter einem massiven Einstrom von „Afghanen" im Jahr 1990 und den darauf folgenden Anschlägen von 1993 gestanden habe. Ben Ladens „Afghanen" spielten schließlich auch eine Rolle bei dem amerikanischen Somalia-Fiasko von 1993 („*Operation Restore Hope*").

3. Schlußbetrachtung

Überschaut man die Informationen über das Wirken der „Afghanen", so stellt die zunehmende internationale Vernetzung ein Hauptmoment dar: Dank moderner Kommunikationsmittel hat die Bewegung inzwischen globale Reichweite erlangt. Dabei sind die Afghanistan-Veteranen nur eine Minderheit im Islamismus.[40] Die paramilitärische Ausbildung der Afghanistan-Veteranen durch die CIA und die *mudjahedin* sowie ihre praktische Kampferfahrung konnten sie in Konflikten zu einer Kraft werden lassen, was sich dramatisch in Algerien zeigte. Doch hat die in sich fragmentierte Bewegung keine in der Praxis überzeugende politische Vision hervorgebracht -

---

Es hieß, die Täter seien in iranischen Lagern ausgebildet worden, und Ben Laden wurde nachgesagt, auch mit Iran und speziell der *hezbollah* zu kollaborieren.

[40] Das gleiche gilt für alle bedeutenden Terrorbewegungen der Geschichte: Eine der wichtigsten Prototypen des modernen Terrorismus, die russische *Narodnaja wolja* der 1870-80er Jahre, die den damals mächtigsten Polizeistaat der Welt herausforderte, bestand zu keiner Zeit aus mehr als 20 Personen (von Borcke 1982).

ein entscheidender Grund für ihre nur begrenzten Erfolge.

Der militante Islamismus hat intellektuell bereits den Höhepunkt über-
schritten. Doch auf die verarmten Massen wirkt er anziehend, schon weil
Islamisten jene sozialen Aufgaben zu übernehmen versuchen, aus denen sich
Regierungen im Zuge von Strukturreformen zurückziehen müssen. Es gibt zu
denken, daß in dem vom Bürgerkrieg zerfleischten Algerien - dessen Reformen der IWF kürzlich eine gute Note verlieh - 60% der Bevölkerung unter-
halb der Armutsgrenze leben.

Angesichts der immer weniger kontrollierbaren Verbreitung von nuklearen sowie chemischen und „preiswerten" biologischen Waffen eröffnen
sich Minderheiten und Einzeltätern ganz neue Möglichkeiten. Bereits über
Hekmatyar wurde gemeldet, er habe versucht, Nuklearwissenschaftler an-
zuwerben. Auch von Ben Laden meldete die Zeitung *al-Hajat* (London), er
habe Nuklearmaterial aus der GUS erworben. Angesichts eines solche „neu-
en Terrorismus" ist das sicherheitspolitische Denken aus der Zeit des Kalten
Kriegs nicht mehr adäquat. Gegen Terrorismus mit „unkonventionellen"
Massenvernichtungswaffen gibt es einstweilen keine zuverlässige Verteidigung. Allein bleibt die Hoffnung auf das gemeinsame Interesse aller Staaten,
den Auswüchsen eines sich „privatisierenden" Terrors entgegenzutreten.

Zitierte Literatur

ALLAN, Pierre/BUCHERER, Paul et al. (Hrsg.) (1995): *Sowjetische Geheimdokumente
zum Afghanistankrieg* (1978-1991). Zürich

BARYLSKI, Robert V. (1994): The Russian Federation and Eurasia's Islamic Crescent.
In: *Europe-Asia Studies* 3: 389-416

BORCKE, Astrid von (1982): Violence and Terror in Russian Revolutionary Populism: the Narodnaya Volya, 1879-1883. In: Wolfgang J. MOMMSEN/Gerhard HIRSCH-FELD (Hrsg.): *Social Protest, Violence and Terror in Nineteenth- and Twentieth-Century Europe*. London: 48-62

BORCKE, Astrid von (1987): *KGB. Die Macht im Untergrund*. Neuhausen-Stuttgart

BORCKE, Astrid von (1994): *Spannungen an der afghanisch-tadschikischen Grenze und das russische Krisen-Management*. Teil I und II. Bericht des BIOst 29

BORCKE, Astrid von (1996): *Unforeseen Consequences of a Soviet Intervention. The Movement of the „Afghans" in Militant Islamism*. Sonderveröffentlichung des BIOst, Juni

BORCKE, Astrid von (1998): *Rußland und der Krisenherd Afghanistan 1991-1997*. Berichte des BIOst 2

BOYNE, Sean (1998): Iraq's MIO: Ministry of Missing Weapons. In: *JIR* March: 23-25

BRUCE, James (1995a): Arab Veterans of the Afghan War. In: *JIR* April: 175-179

BRUCE, James (1995b): The Hunt for Middle Eastern Terrorists, part 2. In: *JIR* Oct.: 458-461

DAVIS, Anthony (1994): The Battleground in Northern Afghanistan. In: *JIR* July: 323-327

DAVIS, Anthony (1996): Xinjiang Learns to Live with Resurgent Islam. In: *JIR* Sept.: 417-421

DURAN, Khalid (1997): Islamists on the March. In: *Freedom Review* Jan-Febr.: 142-154

FAATH, Sigrid/MATTES, Hanspeter (1996): *Die „Arabischen Afghanen". Faktor interner Konflikte in Nordafrika/Nahost und des internationalen Terrorismus*. Hamburg (Edition Woquf Nr. 4)

GALL, Sandy (1994): An Interview with Commander Ahmed Shah Masud. In: *Asian Affairs* June: 139-155

HETMANEK, Allen (1993): Islamic Revolution and Jihad Come to the Former Soviet Central Asia: The Case of Tajikistan. In: *CAM* 12: 365-378

HOWARD, Roger (1997): Wrath of Islam: The HUA analysed. In: *JIR* Oct.: 466-468

MALAŠENKO, Aleksej (1994): Religioznoe echo etničeskich konfliktov. In: *SM* 10

MARTIN, Keith (1993): Tajikistan: Civil War Without End?. In: *Radio Liberty Research Review* 20 Aug.

MAS'UD, Ahmad Shah (2.10.1998): Interview. In: *Il Giornale* (Mailand). Abgedruckt in: *SWB* 5.10.1998, FE/3349 A/3.

MICHAJLOV, V.K.(1994): Etot mnogolokij Kair. In: *AA* 10: 37-43

OLIMOV, M. (1998): Tažikistan. Problemy bor'by s terrorizmom. In: *Set' etnologičeskogo monitoringa i rannego predupreždenija konfliktov. Bjulleten'* 20 (Aug): 64-67

RUBIN, Barnett A. (1993-1994): The Fragmentation of Tajikistan. In: *Survival* 4 (Winter): 71-91

RUBIN, Barnett A. (1995): *The Fragmentation of Afghanistan. State Formation and Collapse in the International System.* New Haven, London

SMYTH, Frank (1998): Culture Clash. Bin Laden, Khartoum and the War Against the West. In: *JIR* Oct.: 22-25

TITORENKO, V. (1995): Islamizm i interesy Rossii. In: *RMM* 4: 63-65

Urgrožaet li Rossi panislamizm i islamskij fundamentalizm? Materialy podgotovleny Centrom strategičeskogo razvitija. In: *AA* 2 (1996): 2

VENTER, Al. J. (1998): UNSCOM Odyssey: The Search for Saddam's Biological Arsenal. In: *JIR* March: 16-21

WEINBAUM, Marvin (1991): War and Peace in Afghanistan: The Pakistani Role. In: *Middle Eastern Journal* 45 (Winter): 195-216

WHINE, Michael (1998): *Islamist Organizations on the Internet.* ICT Website, www.

Abkürzungsverzeichnis für zitierte Zeitschriften

AA	Azija i Afrika segodnja (Moskau)	MD	Le Monde diplomatique (Paris)
CAM	Central Asian Monitor (Fair Haven, Vermont)	MEMO	Mirovaja ekonomika i meždunarodnye otnošenija (Moskau)
D	Dawn (Peshawar)	MN	Moscow News (Moskau)
DW	Deutsche Welle (Köln)	OMRI	Open Media Research Institute (Prag)
Ec	The Economist	NG	Nezavisimaja gazeta (Moskau)
L'Ex	L'Express (Paris)	P	Pointer (Coulsdon, Surey)
F	Le Figaro (Paris)	Pr	Pravda (Moskau)
FHSA	Fernseh-Hörfunkspiegel Ausland (Bonn)	RMM	Rossija i musul'manskij mir (Moskau)
IHT	International Herald Tribune (Paris)	RRNL	Radio Free Europe/Radio Liberty Newsline, ww pages
Iz	Izvestija (Moskau)	S	Segodnja (Moskau)
JIR	Jane's Intelligence Review (Coulsdon, Surrey)	Sp	Der Spiegel (Hamburg)
		SM	Svobodnaja mysl' (Moskau)
JM	Jamestown Monitor (The Jamestown Foundation)	SWB	Summary of World Broadcasts, BBC (London)
KStA	Kölner Stadt-Anzeiger (Köln)	T	Time Magazine (New York)
KZ	Krasnaja zvezda (Moskau)	WP	Washington Post (Washington)
M	Le Monde (Paris)	Z	Zeit (Hamburg)

Der Afghanistan-Konflikt:
Konfliktmerkmale als Ansatz für ein
UN-Vermittlungskonzept

Citha D. Maass

1. Konfliktmerkmale: Diagnose und Therapie

Eine Therapie kann nur dann Aussicht auf Erfolg haben, wenn die Diagnose gründlich und umfassend gestellt wird. Wendet man das auf die Überwindung von Konflikten an, so setzt ein erfolgversprechendes Regulierungskonzept eine genaue Analyse der Ursachen und Charakteristika voraus. Im Falle des 20-jährigen Afghanistankonflikts gestaltet sich die Diagnose besonders schwierig, weil die komplexe Lage nicht auf eine einzige Ursache zurückzuführen ist. Vielmehr haben verschiedene Faktoren zusammengewirkt und dem Konflikt seinen spezifischen Charakter verliehen. In der aktuellen Konstellation handelt es sich um einen Konfliktfall,

- der zu den *langanhaltenden* Konflikten gehört und sich im Verlauf der unterschiedlichen Phasen strukturell verändert hat;

- der als ein *hochgradig externalisierter Bürgerkrieg* einzustufen ist, in den heute mehr denn je Staaten sowie nichtstaatliche Akteure involviert sind;

- der einen Bürgerkrieg in einem *Vielvölkerstaat* mit *grenzüberschreitender ethnischer Vernetzung* darstellt: je stärker das Kriegsgeschehen *intern* die Gesellschaft in ihre zahlreichen Bevölkerungsgruppen *aufsplittert*, desto

153

günstiger sind die Voraussetzungen dafür, den Bürgerkrieg *von außen* leicht und unkontrollierbar zu beeinflussen;

• der - im Gegensatz zur Frühphase - heute *keine geostrategische Bedeutung* besitzt; lediglich Afghanistans mögliche Funktion als Transitroute für Erdgas- und Erdöl-Pipelines verleiht dem Konflikt *geringe geoökonomische Relevanz*, doch reicht das *nicht* aus, um ein signifikantes internationales Interesse an einer baldigen Konfliktregulierung zu begründen.

Angesichts dieser komplexen Struktur dürfte ein einfaches Mittel kaum Hoffnung auf Besserung (d.h. Regulierung) versprechen. Statt dessen weisen die ersten drei Merkmale darauf hin, daß sich für eine Therapie nur ein *Kombinationspräparat* eignet.

Da überdies der Konflikt seine geostrategische Bedeutung verloren hat, kommt auch kein Mittel aus der Hi-Tech-Forschung infrage. Deshalb sind beispielsweise „surgical strikes", die im Golfkrieg 1990/19991 eingesetzt wurden, als therapeutische Hilfen auszuschließen. Auch sollte die Behandlungsweise kulturell und religiös angepaßt sein; deshalb verbietet sich eine antibiotische Schocktherapie. Statt dessen dürfte eine dauerhafte Regulierung nur durch ein homöopathisches, langsam wirkendes Mittel zu erreichen sein. Damit lassen sich die Merkmale einer erfolgversprechenden Therapie bestimmen:

• ein kombiniertes Konzept, das auf verschiedenen Ebenen gleichzeitig ansetzt und seinen Erfolg aus der Wechselwirkung seiner Einzelkomponenten bezieht;

• ein kostengünstiges Konzept, das auf eine langfristige Wirkung abzielt und kulturell-religiöse Traditionen einbezieht;

154

• ein integratives Konzept, das angesichts der internen Zersplitterung und externen Interessenrivalität stufenweise immer umfangreichere Maßnahmen der Konflikteindämmung und eine immer größere Zahl von Akteuren einbindet.

Das größte Hemmnis besteht jedoch darin, daß wichtige interne und externe Konfliktakteure gar nicht an einer Therapie interessiert sind. Somit muß der Patient überhaupt erst motiviert werden, das angebotene Mittel zu akzeptieren.

2. Spezifischer Konfliktcharakter

Das für eine Regulierung entscheidende Merkmal läßt sich so zusammenfassen: Es handelt sich um einen langanhaltenden Konflikt mit hochgradiger intern-externer Verflechtung. Dieses Merkmal hat sich während der phasenweisen Veränderung herauskristallisiert, die der Konflikt während seiner 20-jährigen Dauer durchlaufen hat, wie aus Tabelle 1 hervorgeht.[1]

Wie aus Spalte 3 (Charakter) ersichtlich, hat sich die Verflechtung zwischen internen und externen Akteuren in jeder Phase verändert. Der Konflikt begann als ein „Stellvertreterkrieg", ideologisch eingebunden in die hegemoniale Rivalität zwischen den früheren Supermächten USA und Sowjetunion (1. Phase). Die konfliktverlängernde Ursache nach dem Abzug der sowjetischen Truppen (Mai 1988 - Februar 1989) bestand darin, daß die Genfer Verträge im April 1988 lediglich dazu dienten, der Sowjetunion ein gesichtswahrendes Verfahren für ihren militärischen Rückzug zu bieten. Dagegen zielten die Genfer Verträge nicht darauf ab, den Krieg zu beenden.

---

[1] Die Tabelle ist entnommen aus: C.D. Maaß/J. Reissner 1998: 24.

Tab. 1: Phasen des Afghanistankonflikts

	Zeitraum	Charakter	Schlüsselereignisse	
1	Dez. 1979 bis Feb. 1989	Befreiungskrieg mit „Stellvertreter-komponenten" und ideologischem Überbau (Ost-West-Rivalität)	Sowjet. Einmarsch 27.12.1979 Genfer Verträge 14.04.1988 sowjet. Abzug bis 15.02.1989	
2	1989-1992	Übergangsphase mit wachsender Dominanz der internen Konflikt-akteure und folglich „Intranalisie-rung" des Konflikts hin zu einem Bürgerkrieg	Sturz des Kabuler Regimes [a] 14.04.1992	
3	1992 bis Okt. 1994	Reiner Bürgerkrieg mit geringer externer Einwirkung		
4	Okt. 1994 bis Sept. 1996	Bürgerkrieg mit ständig zuneh-mender Externalisierung (auf regionaler und internationaler Ebene)	öffentliches Auf-treten der *taliban* Okt. 1994 Sturz Kabuls 26./27.9.1996	
5	seit Sept. 1996	hochgradig internationalisierter Bürgerkrieg mit starker regionaler Einwirkung		

a   Am 16.4.1992 wurde Staatspräsident Dr. Mohammad Nadjibullah von den *mudjahed-din* gestürzt. Er suchte Zuflucht auf dem Gelände der UNO in Kabul und wurde dort am 26./27.9.1996 von den einrückenden *taliban* (und/oder deren pakistanischen „Be-ratern"?) umgebracht.

Folglich verringerte sich das externe Einwirken in der 2. und 3. Phase immer stärker und erfolgte lediglich in indirekter Form (logistische Unter-stützung, verdeckte Waffenlieferungen und politische Unterstützung für die jeweiligen afghanischen Kriegsparteien). In den frühen 90er Jahren war die externe Einflußnahme so weit zurückgegangen, daß es sich nur noch um einen reinen Bürgerkrieg handelte, in dem allerdings Pakistan weiterhin und Iran in steigendem Maße involviert waren.

Die globalen Veränderungen (Zerfall der Sowjetunion, Unabhängigkeit der fünf zentralasiatischen Staaten Turkmenistan, Usbekistan, Tadschikistan, Kyrgystan und Kasachstan) wirkten sich direkt auf den Krieg im benachbarten Afghanistan aus. Machtpolitische Interessen wurden neu definiert in der zentralasiatischen Region, die sich erstmals für nicht-sowjetische Einflußnahme öffnete. Afghanistan rückte wieder ins Blickfeld, weil es am südlichen Rand dieser neu entdeckten Region lag. Erstmals grenzte es direkt an den ordnungspolitischen Raum der KSZE/OSZE² an. Zugleich wuchs das geoökonomische Interesse an einem Zugang zu den großen Erdgas- und Erdölvorkommen im zentralasiatischen Raum. Insbesondere für den Transit des turkmenischen Erdgases zum Indischen Ozean bot sich Afghanistan als alternative Pipelineroute zu Iran an.

Diese Veränderungen führten dazu, daß seit Mitte der 90er Jahre regionale und globale Mächte den afghanischen Bürgerkrieg als Hemmnis für die Verwirklichung ihrer Interessen in Zentralasien wahrnahmen. Immer mehr Staaten versuchten, das Kriegsgeschehen in ihrem Sinn zu beeinflussen. An diesem Machtspiel beteiligten sich zunehmend auch nichtstaatliche Akteure wie beispielsweise internationale Erdölkonzerne (so der US-saudische Konzern UNOCAL gegen seinen Konkurrenten, den argentischen Konzern Bridas). Die post-kommunistischen Regierungen in Zentralasien

---

² KSZE = Konferenz für Sicherheit und Zusammenarbeit in Europa, umbenannt in OSZE = Organisation für Sicherheit und Zusammenarbeit in Europa.

mischten sich auch deshalb ein, weil sie grenzüberschreitende Flüchtlingsbewegungen zwischen ethnisch verwandten Gruppen in Afghanistan und ihren eigenen Gesellschaften als destabilisierend für ihre noch schwachen Machtpositionen werteten.

Pakistan wiederum entdeckte sein Interesse an einer Transitroute zum prospektiven Markt in Zentralasien, doch wurde ihm der Zugang durch den Bürgerkrieg in Afghanistan versperrt. In diesem Bürgerkrieg hatten sich die Fraktionen immer stärker zersplittert und bildeten kurzlebige, wechselhafte Koalitionen. Das ließ kleine „Warlords" erstarken, die in ihrem begrenzten Machtbereich Bevölkerung und Händler ausplünderten. Deshalb suchte Pakistan mit Hilfe der neuen „puristischen" Bürgerkriegspartei *taliban* „Ordnung" in dem afghanischen Machtchaos zu schaffen. Damit provozierte es zunehmend den Widerstand Irans, der zentralasiatischen Staaten, Rußlands und anderer externer Akteure. Schließlich waren seit Mitte der 90er Jahre mehr Staaten und nichtstaatliche Akteure als jemals zuvor in den Konflikt verwickelt; der Bürgerkrieg war erneut „internationalisiert" (5. Phase).

Das folgende Diagramm[3] veranschaulicht das hohe Ausmaß an externer Einflußnahme. Das große untere Segment Afghanistans verdeutlicht den von den *taliban* kontrollierten Landesteil, das kleine obere Segment den restlichen von der Nordallianz kontrollierten Teil.

---

[3] Das Diagramm ist entnommen aus C.D. Maaß 1999. In diesem Artikel sind auch die Interessen der externen Akteure detailliert erläutert.

Diagramm 1: Internationalisierung des Afghanistankonflikts

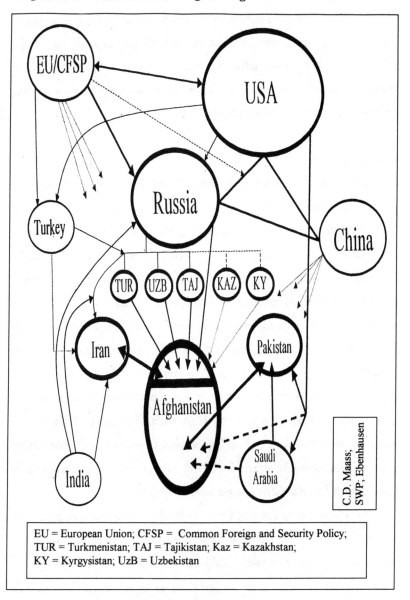

EU = European Union; CFSP = Common Foreign and Security Policy;
TUR = Turkmenistan; TAJ = Tajikistan; Kaz = Kazakhstan;
KY = Kyrgysistan; UzB = Uzbekistan

Unter allen von außen einwirkenden Staaten nehmen Pakistan und Iran eine Sonderrolle ein: Sie fungieren als ein in beide Richtungen gehendes „Scharnier". Die Bedeutung, die die externen Akteure in einer zukünftigen UN-vermittelten Konfliktregulierung spielen könnten, hängt einerseits von ihrem Einfluß auf das interne Konfliktgeschehen und andererseits von ihrem internationalen Status im Rahmen der UNO ab.

Pakistan und Iran

Aufgrund ihrer „regionalen Scharnierfunktion" kommt Pakistan und Iran eine äußerst wichtige, aber nicht die allein entscheidende Rolle in einem Vermittlungsansatz zu. Pakistan unterstützt die *taliban* mit eigenen militärischen, logistischen und militärstrategischen Mitteln und ist so tief in den Konflikt verwickelt, daß weitreichende Rückwirkungen in der pakistanischen Gesellschaft zu spüren sind (Pfeilspitzen zeigen in beide Richtungen und dringen in den pakistanischen Kreis ein). Diese Rückwirkungen werden seit ungefähr einem Jahr als eine schleichende „Talibanisierung" der pakistanischen Gesellschaft bezeichnet. Als Scharnier wirkt Pakistan überdies dadurch, daß es verdeckte Unterstützung von anderen Staaten wie beispielsweise Saudi-Arabien und den USA (zumindest in der Anfangsphase des *taliban*-Siegeszugs) und nicht-staatlichen Akteuren wie islamistisch gesinnte arabische Privatfinanziers oder islamische Organisationen im Nahen Osten und Nordafrika an die *taliban* weiterleitet.

Iran übt die entsprechende Funktion für die Nordallianz aus. Es koordiniert und kanalisiert ein ganzes Netzwerk an externer Unterstützung (seitens der zentralasiatischen Staaten, Rußland, Indien). Wie der doppelspitzige Pfeil zeigt, ist es ebenfalls tief in den Konflikt eingebunden, doch sind die

Rückwirkungen auf die eigene Gesellschaft deutlich geringer als im Falle Pakistans.

Regionale Akteure

Die zentralasiatischen Staaten auf Seiten der Nordallianz und Saudi-Arabien zusammen mit den Vereinigten Arabischen Emiraten (VAE) und Saudi-freundlichen Golfstaaten auf Seiten der *taliban* wirken entweder direkt oder indirekt über die „Scharniere" Iran und Pakistan ein. Vorerst werden sie ihre jeweilige afghanische Bürgerkriegspartei solange mit Geld, Waffen und Logistik unterstützen und deshalb den Krieg verlängern, bis sich eine Machtbalance in Afghanistan herauskristalliert, die im regionalpolitischen Interesse der unmittelbaren und regionalen Nachbarstaaten liegt. Deshalb müssen sie notwendigerweise in eine UN-Vermittlung einbezogen werden.

Im Falle entfernterer und vergleichsweise wenig involvierter Regional-staaten wie Türkei und Indien ist deren *direkte* Einbeziehung nicht notwen-dig, wohl aber ihre Kooperation in den verschiedenen UN-Gremien.

Internationale Großmächte

Die durch ein Dreieck miteinander verbundenen Großmächte USA, Rußland und China spielen aufgrund ihres privilegierten Status als ständige Mitglie-der des UN-Sicherheitsrats eine zentrale Rolle, da von ihrer Zustimmung das Mandat für die UN-Vermittlung abhängig ist. Zugleich beeinflussen sie als externe Akteure den Konfliktverlauf, allerdings unterschiedlich stark auf-grund ihrer spezifischen Interessen.

Chinas Einfluß auf das Kriegsgeschehen ist eher gering (veranschau-licht durch lediglich punktierte Pfeile in die Gesamtregion Zentralasien), da

seine Sicherheitsinteressen nicht unmittelbar durch den internen Machtkampf in Afghanistan betroffen sind. Deshalb begnügt sich China mit einer
distanzierten Beobachtung und übt einen diffusen Einfluß auf die Gesamtregion aus. Beunruhigt ist es allerdings durch die destabilisierenden Auswirkungen, die von der radikal-islamischen *taliban*-Herrschaft auf den Groß-
raum Zentralasien inklusive der chinesischen Provinz Xinjiang (mit
muslimischer Bevölkerungsmehrheit) ausgehen.

Rußland ist in einer mittleren, aber zentral angeordneten Position auf-
geführt, da es nicht mehr den früheren Status als Supermacht und das
entsprechende Einsatzpotential besitzt. Doch verfügt es weiterhin über
erhebliche Möglichkeiten, auf den Konfliktverlauf in Afghanistan einzuwir-
ken, teils direkt und teils indirekt über seinen Einfluß auf die postkommuni-
stischen Regierungen in den zentralasiatischen Staaten und im Rahmen der
ordnungspolitischen Aufgaben in der GUS (Gemeinschaft Unabhängiger
Staaten). Was auf regional-benachbarter Ebene für Pakistan und Iran gilt,
trifft auf internationaler und UN-Ebene auf Rußland zu: Da es in der ersten
Phase direkt am Krieg beteiligt war, kommt ihm unter den drei Großmächten
eine Sonderrolle bei einer Konfliktregulierung zu.

Die alles dominierende Rolle spielt die USA (verdeutlicht durch den
großen Kreis in zentraler Position). Zwar kann Washington allein keine
Lösung durchsetzen, doch entscheidet sein Engagement oder Desinteresse
darüber, ob UN-Vermittlungsversuche überhaupt eine Chance auf Erfolg
haben können. Washington stand nach dem Auftauchen der *taliban* mehrere
Jahre im Verdacht, diese Bürgerkriegspartei als neue afghanische Ordnung-
macht stillschweigend zu dulden oder gar über Mittelsmänner zu unterstützen. Dieser Verdacht stützte sich auf zwei Hauptinteressen: zum einen

wollte Washington den Iran weiterhin isolieren; zum anderen deutete der große Einfluß des Lobbyisten UNOCAL auf die US-Regierung darauf hin, daß Washington die Rahmenbedingungen schaffen wollte, damit eine Erdgas-Pipeline von Turkmenistan durch *taliban*-kontrolliertes Gebiet bis zu einem pakistanischen Hafen am Indischen Ozean gebaut werden könnte.

Zwei Entwicklungen seit August 1998 lassen nun jedoch eine eindeutige Distanzierung der USA von den *taliban* erkennen: zum einen der offene Konflikt zwischen dem islamistischen Untergrundführer Osama ben Laden, der politisches Asyl von den *taliban* in deren Hochburg Qandahar erhalten hat; und zum anderen am 4.12.1998 der endgültige Rückzug des US-saudischen Erdölkonzerns UNOCAL aus dem turkmenisch-afghanisch-pakistanischen Pipeline-Projekt.

Drei Folgerungen lassen sich aus dieser über 20 Jahre gewachsenen Konfliktstruktur für ein Regulierungskonzept ziehen:

• die hochgradige Externalisierung des Bürgerkriegs bedingt, daß ein externes Vermittlungsforum die Bemühungen um einen internen Dialog zwischen den Bürgerkriegsparteien ergänzen sollte;

• die hohe Zahl an externen Akteuren macht es notwendig, daß dem Forum neben den direkt involvierten Staaten auch solche angehören, die über internationales Gewicht verfügen und ausgleichend zwischen den kontroversen Standpunkten der direkten betroffenen externen Akteure wirken;

• die Sonderrolle mancher der direkt betroffenen Staaten und ihr unterschiedlich intensives Einwirken auf das innerafghanische Geschehen macht es sinnvoll, ergänzend ein kleines „Arbeitsforum" zu bilden, in dem unmittelbar involvierte Nachbarstaaten und konfliktbetroffene Mitglieder des UN-Sicherheitsrats vertreten sind.

Auf diesem kombinierten und integrativen Konzeptansatz basieren zwei Initiativen, die die UNO ergänzend zu ihrer direkten Vermittlung zwischen den afghanischen Kriegsparteien eingerichtet hat:

- die Gruppe von „Mitgliedstaaten mit besonderem Einfluß in Afghanistan", die aus 19 Nachbarstaaten und anderen interessierten Ländern (darunter Deutschland) besteht, die sich seit dem 18.11.1996 zusammen mit der „Organization of the Islamic Conference" (OIC) unregelmäßig in New York trifft und vom UN-Generalsekretariat über die aktuelle Konfliktlage informiert wird;[4]

- die kurz danach begonnenen informellen Gespräche der „Gruppe 6 + 2", die die externen Kernstaaten einschließen, darunter diejenigen mit einer Sonderrolle: die sechs Nachbarstaaten Pakistan, Iran, Turkmenistan, Usbekistan, Tadschikistan, China (mit der Doppelrolle eines Nachbarstaats und Mitglieds des UN-Sicherheitsrats) sowie den beiden Sicherheitsratsmitgliedern Rußland und USA.

3. Voraussetzung für eine UN-Vermittlung

Langanhaltende Bürgerkriege mit einer multipolaren Akteursstruktur und einer komplexen Verflechtung von internen und externen Machtinteressen erweisen sich als besonders regulierungsresistent. In diese Kategorie gehört der Afghanistan-Konflikt ebenso wie beispielsweise derjenige in Kambo-

---

[4] Dem Aufruf des UN-Generalsekretärs zum ersten Treffen der „Group of Member States with influence in Afghanistan" folgten im November 1997 die folgenden Staaten (nach englischem Alphabet): China, Ägypten, Frankreich, Deutschland, Indien, Iran, Italien, Japan, Kasachstan, Kyrgystan, Pakistan, Russische Föderation, Saudi Arabien, Tadschikistan, Türkei, Turkmenistan, Großbritannien, USA und Usbekistan. UN General Assembly, Document A/51/698 (= Security Council S/1996/988, 26.11.199: 10.

dscha. Die Vielzahl von sich gegenseitig überkreuzenden Interessen begünstigt tendenziell eine Fortdauer des Kriegsgeschehens. Interne Kriegsparteien können die drohende Erschöpfung ihrer militärischen Ressourcen durch Nachschub von ihren externen Verbündeten ausgleichen. Externe Akteure hoffen im Falle eines noch offenen militärischen Machtkampfs, durch neue Offensiven der von ihnen unterstützten internen Kriegsparteien eine günstigere Verhandlungsposition für spätere Vermittlungsgespräche zu erzielen.

Deshalb stellt sich für die internationalen Vermittler das Problem, den richtigen Zeitpunkt zu erkennen, an dem der Bürgerkrieg „reif für eine Lösung" wird.[5] Diese Konstellation ist dann gegeben, wenn es den Vermittlern gelingt, die wichtigsten internen und externen Konfliktparteien zu einer „Kosten-Nutzen-Rechnung" zu veranlassen. Damit wird die Absicht verfolgt, den Konfliktparteien die unverhältnismäßig hohen Kosten aufzuzeigen, die ihnen durch die Fortdauer des Kriegs entstehen, und sie mit dem Nutzen zu kontrastieren, der aus einem politischem Kompromiß erwachsen würde.

In der Sprache der UN-Vermittler bedeutet dies, das „window of opportunity" zu öffnen bzw. die Voraussetzungen dafür zu schaffen. In diesem Vorverhandlungsstadium sollen die Konfliktparteien veranlaßt werden, ihr ausschließliches Beharren auf einer rein „militärischen Lösung" aufzugeben und sich zu der Suche nach einer „politischen Lösung" bereit zu erklären. Der allererste Vermittlungsschritt besteht also darin, die Kombatanten von der Front weg- und zum Verhandlungstisch hinzubringen. Die jahrelang

---

[5] Der Frage, wann ein Bürgerkrieg „ripe for resolution" ist, ist insbesondere UN General Assembly, Document A/51/698 (= Security Council S/1996/988, 26.11.1996) nachgegangen. Kritisch mit Zartmans Überlegungen setzt sich auseinander: H.-W. Krumwiede, 1998: 42 ff.

fehlgeschlagenen UN-Vermittlungsversuche in Afghanistan zeigen, daß die Vermittler dabei mißtrauisch darauf achten müssen, daß sich die Konfliktparteien nicht zu bloßen Scheinverhandlungen bereit erklären mit dem taktischen Ziel, lediglich mehr Vorbereitungszeit für nachfolgende militärische Offensiven zu gewinnen.

Ausgehend von dem Kriegsverlauf der letzten Jahre in Afghanistan sind in dem folgenden Flußdiagramm sechs Szenarien aufgezeigt, die die Perspektiven ohne und mit einer UN-Vermittlung aufzeigen. Die Szenarien 1 und 2 dürften in das 3. Szenarium einmünden, wenn die Konfliktparteien weiterhin ausschließlich an der „militärischen Option" festhalten. Dagegen können Szenarien 4 und 6 eintreten, wenn sich die Konfliktparteien für eine UN-vermittelte „politische Option" öffnen.

Szenarium 5 schien sich während des militärischen Patts 1997 zu konsolidieren, als der Machtkampf zwei deutlich getrennte Kontrollgebiete nach ethnischer Zugehörigkeit geschaffen hatte: das Herrschaftsgebiet der *taliban* = Paschtunen und dasjenige der Nordallianz = Nichtpaschtunen. Die militärischen Eroberungen der *taliban* zwischen Juli und Oktober 1998 im nichtpaschtunischen Norden Afghanistans haben die klare ethnisch-machtpolitische Trennung zwischen den beiden Kontrollgebieten aufgeweicht. Sollte der dezimierten Nordallianz unter dem wichtigsten Kommandanten, dem Tadschiken Ahmad Shah Mas'ud, jedoch eine teilweise Rückeroberung der verlorenen Provinzen gelingen, könnten die Kämpfe wieder zu einer klaren Trennung gemäß dem Szenarium 5 führen.

Diagramm 2: Sechs Szenarien zur internen Konfliktentwicklung

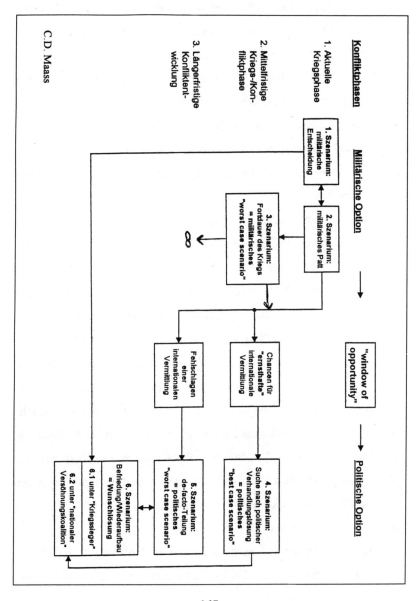

C.D. Maass

Das militärische Kräfteverhältnis Anfang 1999 (mit relativ geringer Kampftätigkeit wegen des Winters in Afghanistan) in Verbindung mit dem strikten Festhalten der *taliban* an einer militärischen Lösung läßt erwarten, daß sich der Konflikt auf das 3. Szenarium hin entwickelt. In diesem Fall würde er sich auf absehbare Zukunft als unregulierbar erweisen. Lediglich eine klare militärische Entscheidung beispielsweise der *taliban* (1. Szenarium) könnte den Bürgerkrieg beenden (Szenarium 6.1). Allerdings scheint dieser Konfliktverlauf angesichts der derzeitigen internen Machtverhältnisse und der massiven externen Unterstützung für beide Bürgerkriegsseiten eher unwahrscheinlich zu sein.

Nach den zweimaligen Niederlagen der *taliban* in Mazar-e Scharif im Mai und September 1997 zeichnete sich ein militärisches Patt (2. Szenarium) ab, das zunächst das „Verhandlungsfenster" zu öffnen schien. Diese Chance suchte die UN zu nutzen, indem sie eine von Pakistan initiierte Vermittlung unterstützte. Der sog. „Ulema Commission Process" sah vor, daß sich im April/Mai 1998 *ulema*-Vertreter beider Kriegsseiten in Islamabad trafen, um über die Aufnahme politischer Verhandlungen zu beraten. Doch entpuppte sich der „Ulema Commission Process" letztlich wieder als rein taktische Scheinverhandlung, denn das in Islamabad ausgehandelte Konzept wurde von der *taliban*-Führung in Qandahar abgelehnt. Damit war die Initiative gescheitert. Die Mitte Juli 1998 einsetzende Großoffensive der *taliban* bewies im Rückblick, daß die *taliban* und ihre pakistanischen Strategieberater in Wirklichkeit nicht ernsthaft an der *ulema*-Initiative interessiert gewesen waren.

Nach bedeutenden Erfolgen der *taliban* in Nord- und Zentralafghanistan gelang es Mitte Oktober 1998 schließlich dem Kommandanten Ahmad

Shah Mas'ud, von seiner Basis im Pandjir-Tal aus den Siegeszug der *taliban* in Nord- und Ostafghanistan zu stoppen. Doch war inzwischen die Nordallianz so geschwächt, daß sie kein politisches Gegengewicht zu den siegessicheren *taliban* bilden konnte. Da sie derzeit keinen ernst zunehmenden Verhandlungspartner darstellen, setzen die *taliban* weiterhin auf einen vollständigen militärischen Sieg im nächsten Kriegssommer. Deshalb wird sich vorläufig kaum ein „Verhandlungsfenster" öffnen lassen, so daß der Konflikt auch in seinem 21. Jahr (gerechnet ab der „Saur Revolution" 1978) fortdauern wird.

4. Dauerhafte Regulierung unter Einbeziehung kulturell-sozialer Traditionen

Verschiedene Elemente des therapeutischen „Kombinationspräparats", das die UN-Vermittlung zu entwickeln versucht, sind bereits genannt worden. Zwei wichtige Aspekte fehlen jedoch noch. Zum einen haben die politischen und konzeptionellen Fehler der Genfer Verträge gezeigt, daß sich eine Vermittlung nicht darauf beschränken darf, die Kampfhandlungen vorübergehend einzustellen. Statt dessen sollte ein Vermittlungskonzept von Anfang an auf eine *dauerhafte Regulierung* ausgerichtet sein.

Zum anderen sollte das Konzept nicht von außen aufgesetzt sein, sondern *traditionelle Schlichtungsformen* des Bürgerkriegslands integrieren. Im afghanischen Fall dürfte beispielsweise eine von westlichen Vermittlern aufgezwungene allgemeine Wahl mit gleichem Stimmrecht für Männer und *Frauen* wenig sinnvoll sein, weil weder die kulturell-soziale Akzeptanz eines allgemeinen Wahlrechts (geschweige denn eines *Frauen*wahlrechts) in der afghanischen Gesellschaft derzeit gegeben ist noch die institutionellen und organisatorischen Voraussetzungen (z.B. Parteien und Informationsmedien) vorhanden sind. Aus dieser Erkenntnis heraus wird beispielsweise die neue intra-afghanische Initiative des „Rats für Frieden und nationale Einheit Afghanistans" (RFNEA)[6] von der UNO und der Europäischen Union mit Wohlwollen beobachtet. Der RFNEA verfolgt das Ziel, das traditionelle Schlichtungsinstrument einer *loya djirga* (afghanische Nationalversammlung, an der nur Männer teilnehmen) in Afghanistan als ersten politischen Schritt zu einer Überwindung des Bürgerkriegs zu organisieren.

Ein Konzept für eine dauerhafte Regulierung sollte folgende Vermittlungsschritte mit jeweils definierten Teilzielen umfassen (Krumwiede 1998: 37 ff.):

• Konsens aushandeln über Modus, Teilnehmer und Ort der Vermittlung;

• Sicherstellen der tatsächlichen Teilnahme aller relevanten Kriegsparteien (d.h. passive Verweigerung oder offener Boykott wichtiger Kriegsakteure sollte überwunden werden);

• Beenden des Bürgerkriegs, d.h. Einstellen der Kampfhandlungen;

• Verständigen über längerfristige Konfliktregulierung, also Konsens herstellen über Strukturen und Prinzipien einer Friedensordnung;

• Errichten einer Friedensordnung;

• Konsolidieren einer Friedensordnung.

---

[6] Der Rat (Council for Peace and National Unity of Afghanistan) eröffnete am 1.10.1998 ein internationales Koordinationsbüro in Bonn. Präsident ist Professor Abdul Sattar Sirat, wohnhaft in Saudi Arabien. Der RFNEA ist eine Vereinigung von afghanischen Diplomaten, Wissenschaftlern und Politikern mit Verbindungen zu traditionellen Stammesführern und Kommandanten in Afghanistan.

Ordnet man den gegenwärtigen Stand der UN-Vermittlung im Afghanistan-Konflikt in dieses phasenweise Regulierungskonzept ein, so finden die UN-Bemühungen noch in einem *Vorstadium* statt. Solange die „militärische Option" als realisierbarer „Lösungsweg" von den Kriegsparteien gesehen wird, fehlt deren ernsthafte Bereitschaft, sich überhaupt mit der Alternative eines politischen Verhandlungskompromisses zu befassen.

Trotz dieses pessimistischen Fazits sollen abschließend Punkte genannt werden, die seit längerem auf der Vermittlungsagenda der „UN Special Mission for Afghanistan" (UNSMA) stehen. Sie berücksichtigen einerseits den phasenweisen Prozeß bis hin zu einer dauerhaften Regulierung und andererseits integrieren sie traditionelle Elemente der afghanischen Konsensbildung:

- Vertrauensbildende Maßnahmen: Gefangenenaustausch (unter Aufsicht der UN oder des Internationalen Komitees des Roten Kreuzes/ICRC);
- Waffenstillstand
- Entmilitarisierung der Hauptstadt Kabul, Rückzug sämtlicher Bürgerkriegstruppen auf eine bestimmte Distanz außerhalb Kabuls;
- Aufstellen einer „neutralen Schutztruppe" für Kabul (z.B. bestehend aus jungen Kabuler Männern sämtlicher ethnischer Gruppen);
- Überwachen aller bisherigen Maßnahmen durch UN-Beobachter mit hoher Beteiligung von Vertretern der „Organization of the Islamic Conference" (OIC), d.h. vorwiegend Beobachter aus muslimischen Staaten;
- Einsetzen einer Interimsregierung (Dauer: 6 Monate - 2 Jahre);
- Vorbereitung einer *loya djirga* (Nationalversammlung, bestehend aus männlichen Persönlichkeiten);

- Aufgabe der *loya djirga*: Einberufen einer verfassungsgebenden Versammlung;

- Durchführen von Wahlen (nach vorheriger Klärung des Frauenwahlrechts);

- Einsetzen eines Parlaments, Berufung einer Regierung.

Die UN verfügt also über ein gesellschaftlich angepaßtes Vermittlungskonzept, doch scheitern ihre Bemühungen bislang an den widerstreitenden Machtinteressen der zahlreichen Konfliktakteure. Auch wenn die *taliban* und ihre pakistanischen und islamistischen Hintermänner immer noch auf einen militärischen Sieg hoffen, so übersehen sie dabei, daß sich die internationalen Rahmenbedingungen im Verlauf des Jahres 1998 geändert haben. Solange sie gegen Grundnormen der in der UN-Charta niedergelegten Menschenrechte verstoßen und islamistische Untergrundführer wie Osama ben Laden politisches Asyl gewähren, können sie kaum mit einer internationalen Anerkennung rechnen. Auch dürften sich die führenden Kommandanten der dezimierten Nordallianz mit externer Unterstützung soweit reorganisieren, daß sie den *taliban* nachhaltig militärischen Widerstand leisten werden. Deshalb sollte die zentrale Botschaft der UN ernst genommen werden, daß nämlich die „militärische Option" unrealistisch ist und nur ein politischer Verhandlungskompromiß den hochgradig externalisierten Bürgerkrieg überwinden kann.

Zitierte Literatur:

KRUMWIEDE, Heinrich-W. (1998): Regulierungsmöglichkeiten von Bürgerkriegen: Fragen und Hypothesen. In: Heinrich-W. Krumwiede/Peter Waldmann (Hrsg.): *Bürgerkriege: Folgen und Regulierungsmöglichkeiten.* Baden-Baden

MAASS, Citha D./REISSNER, Johannes (1998): *Afghanistan und Zentralasien. Entwicklungsdynamik, Konflikte und Konfliktpotential.* Teil A: Dachstudie, SWP - S 422/A. Sonderforschungsvorhaben „Afghanistan im Spannungsfeld geopolitischer und geoökonomischer Interessen. Stiftung Wissenschaft und Politik. Ebenhausen

MAASS, Citha D. (1999): The Afghanistan Conflict: External Involvement. In: *Central Asian Survey* 1 (18) [in print]

UN GENERAL ASSEMBLY (1996): *Document A/51/698* (= Security Council S/1996/988. 26.11.1996

Die Autorinnen und Autoren

Dr. Alema ist Historikerin. Sie promovierte an der *Universität Leipzig* über „Die Beziehungen zwischen Afghanistan und Deutschland in den Jahren 1919-1929".

PD Dr. Hermann-Josef Blanke ist Rechtswissenschaftler. Er ist Dozent an der *Universität Köln* und im Vorstand der *Mediothek für Afghanistan e.V.*.

Dr. Astrid von Borcke ist Politologin. Sie ist wissenschaftliche Referentin am *Bundesinstitut für internationale und ostwissenschaftliche Studien*, Köln.

Prof. Dr. Siegmar W. Breckle ist Biologe. Er ist Leiter des Instituts für Ökologie an der *Universität Bielefeld* und Geschäftsführer der *Arbeitsgemeinschaft Afghanistan*.

Dr. Azam Dadfar ist Psychotherapeut. Er arbeitete in afghanischen Flüchtlingscamps in Pakistan und lebt nun in Deutschland.

Ahmad Sultan Karimi ist Politologe. Er ist Vorstandsmitglied der *Mediothek für Afghanistan e.V.*, des *Arbeitskreises für Afghanistan* und des *Rats der Demokratie für Afghanistan*.

Dr. Citha D. Maaß ist Politologin. Sie ist Referentin für Südasien in der *Stiftung Wissenschaft und Politik* in Ebenhausen. Sie leitete zusammen mit Johannes Reissner das Sonderforschungsvorhaben „Afghanistan im Spannungsfeld geopolitischer und geoökonomischer Interessen".

Dr. Christine Noelle ist Orientalistin. Sie promovierte an der *University of California*, Berkeley, über „The Interaction between State and Tribe in Nineteenth-Century Afghanistan" und habilitiert zur Zeit an der *Universität Bamberg* über „Die Geschichte Herats vom 17. bis 19. Jahrhundert".

Dr. Andreas Rieck ist Islamwissenschaftler. Er ist wissenschaftlicher Mitarbeiter am *Deutschen Orient-Institut* in Hamburg und war 1996 für die UNSMA (*United Nation Special Mission for Afghanistan*) in Afghanistan und Pakistan tätig.

Conrad Schetter ist Geograph und Historiker. Er promoviert am Geographischen Institut der *Universität Bonn* über „Ethnizität und ethnische Konflikte in Afghanistan". Er ist wissenschaftlicher Koordinator der *Mediothek für Afghanistan e.V.*.

Reinhard Schlagintweit war im *Auswärtigen Amt* Koordinator für Südasien und war bis Ende 1998 Geschäftsführer der *Deutschen Gesellschaft für Auswärtige Politik*, Bonn. Er ist im wissenschaftlichen Beirat der *Mediothek für Afghanistan e.V.*, im Vorstand der *Arbeitsgemeinschaft Afghanistan* und Vorsitzender des deutschen Komitees von *UNICEF*.

Dr. Almut Wieland-Karimi ist Islamwissenschaftlerin. Sie promovierte über „Islamische Mystik in Afghanistan" an der *Humboldt-Universität zu Berlin*. Sie ist Geschäftsführerin der *Mediothek für Afghanistan e.V.* und arbeitete für die *Friedrich-Ebert-Stiftung*.

IKO - Verlag für Interkulturelle Kommunikation

Holger Ehling Publishing
Edition Hipparchia

Frankfurt am Main • London

Frankfurt am Main	Internet: www.iko-verlag.de	London
Postfach 90 04 21; D-60444 Frankfurt	Verkehrs-Nr.: 10896	4T Leroy House
Assenheimerstr. 17, D–60489 Frankfurt	VAT-Nr.: DE 111876148	436 Essex Road
Tel.: +49-(0)69-78 48 08	Auslieferung: Order@KNO-VA.de	London N1 3QP, UK
Fax: +49-(0)69-78 96 575		Phone: +44-(0)20-76881688
e-mail: ikoverlag@t-online.de		Fax: +44-(0)20-76881699
		e-mail: Holger@Ehling.com

Aus dem Verlagsprogramm

Medica mondiale e.V./Marlies W. Fröse/
Ina Volpp-Teuscher (Hrsg.)
Krieg, Geschlecht und Traumatisierung
Erfahrungen und Reflexionen in der Arbeit
mit traumatisierten Frauen in Kriegs- und
Krisengebieten
Edition Hipparchia
1999, 276 S., € 22,00,
ISBN 3-88939-615-1

Evangelischer Regionalverband Frankfurt
am Main
Psychosoziales Zentrum für Flüchtlinge
und Opfer organisierter Gewalt (Hrsg.)
Günter Franzen
Ein Fenster zur Welt
Folter, Trauma und Gewalt
2000, 226 S., € 22,00,
ISBN 3-88939-029-3

Anni Kammerländer (Hrsg.)
„Das Persönliche ist politisch"
Psychosoziale Zentren – Therapie mit
Folterüberlebenden im Spannungsfeld
zwischen menschlichem Einzelschicksal
und Politik
1998, 110 S., € 18,00,
ISBN 3-88939-427-2

Christine Noelle-Karimi/Conrad
Schetter/Reinhard Schlagintweit (Eds.)
Afghanistan – A Country without a State
2002, 256 S., € 20,00
ISBN 3-88939-628-3
**(Schriftenreihe der Mediothek für
Afghanistan, Band 2)**

Kazim Aktas
Ethnizität und Nationalismus
Ethnische und kulturelle Identität der
Aleviten in Dersim
1999, 204 S., € 23,00,
ISBN 3-88939-502-3

Ebrahim Towfigh
**Modernisierung und postkoloniale
Herrschaft in Iran**
Versuch über den Staat
2000, 408 S., Fadenheftug, € 28,00
ISBN 3-88939-523-6
(UDM, Bd. 8)

Gerhard Hauck
**Evolution, Entwicklung,
Unterentwicklung**
Gesellschaftstheoretische Abhandlungen
1996, 280 S., € 27,00,
ISBN 3-88939-365-9
(UDM, Bd. 6)

**Bestellen Sie bitte über den Buchhandel oder direkt beim Verlag.
Gerne senden wir Ihnen unser Titelverzeichnis zu.**